高中数学教学探析

GAOZHONG SHUXUE JIAOXUE TANXI

吕汉茂 著

苏州大学出版社
Soochow University Press

图书在版编目(CIP)数据

高中数学教学探析 / 吕汉茂著. —苏州：苏州大学出版社，2022.10

ISBN 978-7-5672-4079-7

Ⅰ.①高… Ⅱ.①吕… Ⅲ.①中学数学课-教学研究-高中 Ⅳ.①G633.602

中国版本图书馆 CIP 数据核字(2022)第 181419 号

高中数学教学探析

吕汉茂 著

责任编辑 肖 荣

苏州大学出版社出版发行

(地址:苏州市十梓街 1 号 邮编:215006)

广东虎彩云印刷有限公司印装

(地址：东莞市虎门镇黄村社区厚虎路20号C幢一楼 邮编：523898)

开本 700 mm×1 000 mm 1/16 印张 7.75 字数 144 千

2022 年 10 月第 1 版 2022 年 10 月第 1 次印刷

ISBN 978-7-5672-4079-7 定价:29.00 元

若有印装错误，本社负责调换

苏州大学出版社营销部 电话:0512-67481020

苏州大学出版社网址 http://www.sudapress.com

苏州大学出版社邮箱 sdcbs@suda.edu.cn

前　言

我从事高中数学教学工作,屈指一算,整整25载.

25年,年复一年,日复一日,我在三尺讲台"重复"着自己的工作,备课、上课、批改作业成了我每天的"必修课".我深爱着教师这一职业,即使工作内容重复甚至单调,也心甘情愿地为之孜孜不倦.每当面对学生渴望知识的眼神时,就有一股无穷的力量,促使我倾尽全力.对待教学工作,我不敢有丝毫的懈怠,唯恐出现疏漏.

20多年的从教经历,让我从一个血气方刚的青年教师,成长为一名老教师.时代在发展,社会在进步,教材在变化,学生也在变化,这些都促使我不能"倚老卖老",止步不前.在这个不断变化的大环境中,我不敢一味地"重复"自己的教学,抱着"不变"的备课本去面对"变化"的学生,用固有的经验和思维去排斥新的东西.近知天命之年的我,又逢使用人教A版《普通高中教科书·数学(2019)》(本书简称新教材),当然不敢懈怠,要跟上新时代的步伐,唯有努力学习新教材,不断思考新教材,认真分析新教材,才能发挥其应有价值.新教材是相对于人教A版《普通高中课程标准实验教科书·数学(2004)》(本书简称旧教材)而言的。

凭着多年的教学实践经验,在使用新教材(必修部分)的教学过程中,我有一些自己的感悟和体会.概念是组成数学知识体系最基础、最基本的元素,其引入过程对学生理解和掌握概念有着重要意义,如何引入?解题教学是抱着辅导资料"畅游"其中,还是抓住新教材中的习题开发研究?教材正文作为教材中的"主角",毫无疑问会引起教师的重视,而作为"配角"的旁白,我们将如何对待?新教材对应着新高考,对新高考中个别试题的研究,又会有哪些发现呢?本书对上述教学问题进行了探析,从学生认知特点的角度和数学问题本身的实质出发,阐明我个人的观点,希望与专家和同行们交流.

本书的出版得到了苏州大学出版社有关领导和同仁的大力支持,在此,我致以最诚挚的谢意!

目 录

第一篇 引入篇

第二篇 习题篇

第三篇 旁白篇

第四篇 高考篇

第一篇

引入篇

概念是数学的灵魂，是组成数学知识体系最基础、最基本的元素. 因而概念教学就显得尤为重要. 在实际教学中，大部分教师都非常重视概念，明白概念在数学学习过程中的分量，概念在知识建构过程中的作用，以及概念在数学思维形成过程中的意义. 然而，在实践过程中，有些教师借助新课改理念中的“自主”“主动”等词语，在让学生预习后，就迫不及待地呈现概念，再对概念的内涵加以解释，对外延加以拓展，最后用大量的练习来巩固概念，这还是概念教学吗？这分明就是解题教学. 长此以往，学生就会成为解题的“机器”，只知道“背题”“刷题”“死记忆”，而不会理解概念，更不知道概念是怎么形成的. 概念形成过程的缺失，导致学生无法深入理解概念，无法灵活运用概念，更不用说创造性地解决问题了.

依据概念的形成过程，创设合适的问题情境引入概念，对帮助学生理解和掌握概念有着重要意义. 本篇通过对数学中某些概念的分析，列举五种引入方法，分别是归纳式引入函数、量化式引入单调性、运算式引入指数函数、背景式引入向量、类比式引入复数.

一、归纳式引入函数

函数的概念是高中阶段较难理解的概念之一．初中阶段是从变量之间依赖关系的角度，对简单实例中的数量关系和变化规律进行归纳概括，得到函数的概念（简称“变量说”）；高中阶段是以初中已学函数知识和“预备知识”中的二次函数知识为基础，通过对四个具体实例的分析、归纳，概括出函数的概念（简称“集合对应说”）．由于归纳在引入函数概念中起着重要的作用，故本书将这种引入概念的方式称为归纳式引入．

《普通高中数学新课程标准（2017 年版）》认为“函数概念的引入，可以用学生熟悉的例子为背景进行抽象．例如，可以从学生已知的、基于变量关系的函数定义入手，引导学生通过生活或数学中的问题，构建函数的一般概念，体会用对应关系定义函数的必要性，感悟数学抽象的层次”“引导学生从变量之间的依赖关系、实数集合之间的对应关系、函数图象的几何直观这三个角度整体认识函数概念，发展数学抽象素养”．实质上，这是强调以学生的已有认知水平为基础展开函数概念的教学，具体是指两方面的知识经验：一是学生已知的、变量说下的函数定义；二是刻画生活或数学中“对应关系”的经验．

具体的归纳式引入如下：

初中已经学过函数的概念，为什么又要学呢？带着疑惑开始对实例的分析．

第一步，为什么不能往里代？

问题 1　高铁运行

某“复兴号”高速列车加速到 350 km/h 后保持匀速运行半小时．这段时间内，列车行进的路程 s（单位：km）与运行时间 t（单位：h）的关系可以表示为 $s=350t$．

解析式 $s=350t$，貌似与初中“变量说”下的函数没有区别．新教材中给出了思考“有人说：‘根据对应关系 $s=350t$，这趟列车加速到 350 km/h 后，运行 1 h 就前进了 350 km．’你认为这个说法正确吗？”如果不认真审题，很可能会给出肯定的回答. 题意说得非常明确,“加速到 350 km/h 后保持匀速运行半小时,这段时间内,对应关系是给定的解析式”. 为了更好地解决问题,教学中设计了如下问题串:

(1) s 与 t 的对应关系是函数吗?(是一次函数)

(2) 当 $t=0.2$ h 和 $t=0.5$ h 时,前进的距离分别是多少?(学生很快就回答出来)

(3) 当 $t=0.6$ h 和 $t=1$ h 时,前进的距离又分别是多少?(有些学生直接代入数据求值,另一些学生则说不能往里代,为什么? 理由:半小时后列车的运行状态未知. 也就说明“思考”中给出的说法不正确)

(4) 时间 t 的取值范围是什么? 路程 s 呢?($0\leqslant t\leqslant 0.5$;$0\leqslant s\leqslant 175$.“变量说”下的函数,无须考虑自变量的取值范围,那么现在就需要重新审视原先的函数概念)

(5) t 与 s 的取值范围用集合怎么表示?($\{t\mid 0\leqslant t\leqslant 0.5\}$;$\{s\mid 0\leqslant s\leqslant 175\}$)

(6) 如何更好地描述 s 与 t 的对应关系呢?(不能只给出解析式,还要给出自变量的取值范围. 根据学生的回答,教师适当点评或给出示范)

设计意图 学生在求 t 的不同取值情况下 s 的值时,发现 t 有限制范围,不可随意取. 由此明确,在表述函数时,注明自变量取值范围的必要性. 问题 1 旨在培养学生发现问题、分析问题和解决问题的能力.

第二步,是同一个函数吗?

问题 2 工资报酬

某公司要求工人每周至少工作 1 天,至多不超过 6 天. 如果公司确定的工资标准是每人每天 350 元,且每周付一次工资,那么你认为应该怎样确定一个工人每周的工资? 一个工人的工资 ω(单位:元)是他工作天数 d 的函数吗?

由题意,可以求出解析式 $\omega=350d$,形式上,与问题 1 的式子类似. 设计如下问题串:

(1) 与问题 1 中的对应关系相同吗?(有的同学说不同,理由是变量不一致,一个是自变量为 t,因变量为 s;另一个是自变量为 d,因变量为 ω. 需要给学生指明:变量只是一个符号,在“变量说”下,两个对应关系都是自变量中任意一个数的 350 倍)

(2) 既然对应关系相同,那么这两个解析式是不是同一个函数?(在问题 1 的基础上,学生会思考这个对应关系的变量的取值范围是什么,很容易得到自变量 d 的取值是 1,2,3,4,5,6,记作集合 $A=\{1,2,3,4,5,6\}$,因变量 ω 的取值构成的集合 $B=\{350,700,1\ 050,1\ 400,1\ 750,2\ 100\}$. 与问题 1 中的解析式一

对照，就可以得出这两个解析式不是同一个函数）

(3) 仿照问题 1，精确描述 ω 与 d 的对应关系.（让学生明白自变量的取值范围的重要性）

设计意图　通过分析对应关系，让学生明白，判断两个函数的对应关系是否相同，不是看变量的符号，而是分析表达形式；在描述两个函数时，虽然对应关系相同，但是自变量的取值范围不同，所以，不是同一个函数. 问题 2 旨在培养学生的抽象思维和逻辑思维能力.

第三步，这个图象是函数吗？

问题 3　空气质量指数变化图

图 1-1 是某市 2016 年 11 月 23 日的空气质量指数（Air Quality Index，简称 AQI）变化图. 如何根据该图确定这一天内任一时刻 t 的空气质量指数的值 I？你认为这里的 I 是 t 的函数吗？

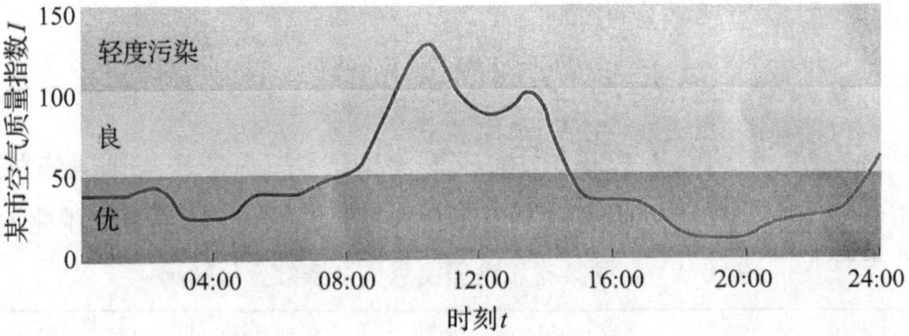

图 1-1

很多教师为了节省教学时间，往往草率地处理该问题：因为在这一天内任取一个时刻 t 都有唯一 AQI 的值 I 与之对应，所以此图是函数. 这样会导致学生产生两个方面的问题：一是会对刚刚建立的精确地表述函数“当头一棒”；二是会对函数概念中抽象符号 f 的理解造成困扰，对应关系怎么不是式子呢？

为了帮助学生更好地归纳函数的概念，需要对该实例设计如下问题串：

(1) 你能根据图象找到 $t=12$ 时 AQI 的值 I 吗？这个值是否唯一？（在横轴上，过 $t=12$ 作横轴的垂线，与曲线只有一个交点，过这个交点作纵轴的垂线，垂足对应的值即为 AQI 的值 I，且唯一）

(2) t 的取值范围是什么？在这个范围内任意一个 t 的值，你能找到与之对应的 I 值吗？唯一吗？（t 的取值范围是数集 $A=\{t|0\leqslant t\leqslant 24\}$，找 I 值的方法同(1)）

(3) 没有解析式，I 还是 t 的函数吗？（虽然没有解析式，但是满足初中所学函数的定义，因此 I 是 t 的函数）

(4) 在图象中，你能找到 2016 年 11 月 24 日上午 8 时 AQI 的值 I 吗？为什

么？（不能.因为图象是2016年11月23日的，给出的值不在自变量的取值范围内）

(5) 从图象中能看出I值的变化范围吗？（看不出准确的变化范围，可以得到I的值都在数集$B=\{I|0<I<150\}$中）

(6) 能写出这个函数的解析式吗？如果让你表示，你会怎么做？（不能.学生不知道怎么做，需要教师点拨，引出对应关系抽象化的符号）

(7) 仿照问题1，你能用准确的集合语言和对应关系描述这个实例吗？

设计意图 依据图象描述对应关系，对学生来说比较困难.学生的认知基础是一次函数、二次函数、正比例函数、反比例函数的图象，并没有说明图象是函数.教师要启发学生得到，图象满足“变量说”下的函数定义，进而为引出函数对应关系的抽象符号做准备，也为函数的表示法——图象法的出现做好铺垫.问题3旨在培养学生的归纳概括和抽象思维能力.

第四步，这个表格是函数吗？

问题4 恩格尔系数变化表

国际上常用恩格尔系数$r\left(r=\dfrac{\text{食物支出金额}}{\text{总支出金额}}\times 100\%\right)$反映一个地区人民生活质量的高低，恩格尔系数越低，生活质量越高.表1-1是我国某省城镇居民恩格尔系数变化情况，从表中可以看出，该省城镇居民的生活质量越来越高.

表1-1 我国某省城镇居民恩格尔系数变化情况

年份y	2006	2007	2008	2009	2010	2011	2012	2013	2014	2015
$r/\%$	36.69	36.81	38.17	35.69	35.15	33.53	33.87	29.89	29.35	28.57

你认为按表1-1给出的对应关系，恩格尔系数r是年份y的函数吗？如果是，你会用怎样的语言来刻画这个函数？

设计如下问题串：

(1) 表1-1中时间的变化范围是什么？能用[2006,2015]表示吗？（仿照前面的写法，时间的变化范围用数集$A=\{2006,2007,2008,\cdots,2015\}$表示.因为时间是年份，应取整数，而[2006,2015]表示区间内的所有实数，所以不能用[2006,2015]表示）

(2) 恩格尔系数r的变化范围是什么？（学生可能认为r的变化范围是表1-1中r的10个数值构成的集合.教师既要对学生给予肯定，又要指出学生的不足之处：为了更具有一般性，由恩格尔系数的定义可知，r的变化范围写成数集$B=\{r|0<r\leqslant 1\}$更合适）

(3) 这样的表格以前见过吗？由表格中的对应关系，能得到恩格尔系数r是年份y的函数吗？试说明一下.（见过，初中画函数图象时，有列表、描点、连线等步骤. 由“变量说”中函数的定义,可知 r 是 y 的函数,只不过这里的自变量是 y. 在表格中任取一个年份 y,按照表格中的对应关系,都有唯一确定的恩格尔系数 r 与之对应,所以 r 是 y 的函数)

(4) 由此表格,能得到 $y=2020$ 时的恩格尔系数吗?(不能,因为 $y=2020$ 不在数集 A 中)

(5) 这个函数有解析式吗? 如果让你表示,你会怎么做?(没有. 类似问题 3 中的(6))

(6) 仿照问题 1,你能用准确的集合语言和对应关系描述这个实例吗?

设计意图　表格中的对应关系非常直接明了. 师生共同分析,为对应关系的进一步抽象做好准备,也为函数的表示法——列表法的出现做好了铺垫. 问题 4 旨在培养学生的归纳概括、类比推理和抽象思维能力.

第五步,以上问题中函数的共同特征有哪些?

在逐步处理上述问题的基础上,归纳、概括出共同特征就水到渠成了.

设计如下问题串:

(1) 从上述问题 1 至问题 4 中的函数,你能归纳出有哪些共同特征?(给学生足够的时间,还可以小组讨论)

(2) 你能概括出函数的本质特征吗?(去枝强干,提炼关键,抓住最本质的东西)

这样就可以给出函数的定义.

设计意图　有了前面的归纳和概括过程,学生能够说出一个大概,再加上教师的适时点拨,不难引出函数的概念. 在这个过程中,教师要有耐心和信心,不可急于求成,要给学生思考的时间和空间,给学生表现的机会和出错的可能,进一步培养学生的抽象概括和逻辑推理能力.

总之,从函数的实例归纳出函数概念的过程,是学生认知水平的一次飞跃. 首先,从学生初中学习的函数(最近发展区)入手,通过分析日常生活中的实例,引发学生产生困惑;其次,在总结每一个实例时,都以原先的函数概念为基础,上升一个认知高度(自变量、因变量的取值范围,对应关系的逐步抽象化、符号化);最后,让学生经历归纳共性、概括特征的过程,得到函数的概念.

二、量化式引入单调性

数学中，对于某些概念，往往先给出一种定性刻画，然后在定性的基础上进行抽象、概括，引出定量的表述，本书将这种引入概念的方式称为量化式引入.

函数的单调性是函数的基本性质之一，它刻画函数的增减变化规律. 其概念的形成，经历了从图象直观、语言描述的定性刻画到定量表述，体现了数学概念逐渐抽象化、严格化的过程，符合学生的认知特点. 初中阶段，通过让学生观察一次函数、二次函数的图象，在从左到右“走的过程”，直观地看到图象的上升(或下降)，自然语言描述为“y 随 x 的增大而增大(或减小)”，这是函数单调性概念的一种定性刻画；高中阶段，结合图象和自然语言的定性刻画，将“走的过程”量化为“$\forall x_1,x_2\in D$”，将“y 随 x 的增大而增大(或减小)”转化为精确的定量关系，用不等式刻画“增大”“减小”，即“x 的增大”量化为“$x_1<x_2$”，“y 增大(或减小)”量化为“$f(x_1)<f(x_2)$(或 $f(x_1)>f(x_2)$)”. 整个量化过程，体现了函数单调性概念不断“精确”的过程，对提升学生的数学抽象素养有重要的作用.

函数的奇偶性也是函数的基本性质之一，它刻画函数图象的对称性(轴对称或中心对称). 初中阶段虽然没有学习函数的奇偶性，但已经接触过轴对称图形和中心对称图形，而且现实生活中也有大量的对称实例，这为学习函数的奇偶性奠定了“形”的基础. 新教材在引出函数奇偶性的概念时，沿用了处理函数单调性的方法. 先通过观察几个特殊函数的图象，学生对函数的奇偶性有了直观的定性认识；再由“图形”的对称性转化为对应“数值”的表述，得到自然语言“当自变量取一对相反数时，相应的两个函数值相等(或互为相反数)”；最后，将“自变量取一对相反数”量化为“x 与 $-x$”，“相应的两个函数值相等(或互为相反数)”量化为“$f(-x)=f(x)$(或 $f(-x)=-f(x)$)”，从而引出符号语言的定量表述. 整个量化过程，既有以“形”助“数”，体现了数形结合的重要思想；又有语言表达能力的逐渐提升，从图形语言到自然语言，再到符号语言的不断抽象、概括、归纳、提炼的过程；还体现出数学学习的一种模式——概念的“精确化”

“符号化”“定量化”.

下面以量化式引入单调性概念为例，设计如下问题串：

(1) 结合你画的二次函数 $y=x^2$ 的图象，通过从左向右“走的过程”，能看出图象有怎样的变化趋势？($x\leqslant 0$ 的部分，图象有下降趋势；$x\geqslant 0$ 的部分，图象有上升趋势)

(2) 如何用变量关系进行描述？(当 $x\leqslant 0$ 时，y 随 x 的增大而减小；当 $x\geqslant 0$ 时，y 随 x 的增大而增大)

设计意图　复习初中阶段定性刻画的“单调性”，完成从图形语言到自然语言的过渡. 从学过的简单的二次函数入手，学生容易接受，体现了“低起点”；指出“看”的方向、“变”的趋势，为自然语言的形成搭建“桥梁”，体现了“小步子”.

(3) “y 随 x 的增大而增大(或减小)”里面有“大”与“小”，在数学中怎么表示？(用“$>$”或“$<$”)

(4) “$>$”和“$<$”怎么体现出来？以函数 $y=x^2$ 为例，当 $x\leqslant 0$ 时给出说明. (学生很可能会给出类似下面的描述：当 x 的值分别为 -2，-1 时，满足 $-2<-1$，相应的 y 值满足 $4>1$，即 x 取一小一大两个特殊值，对应的 y 值一大一小)

设计意图　由“大”与“小”能够想到“$>$”或“$<$”，体现出学生具有一定的数学抽象素养；由 x 的增大与 y 随之增大(或减小)提炼出两个具体自变量的大小关系与它们对应的函数值的大小关系，是由一般到特殊，由抽象到具体的过程，符合学生的认知思维习惯.

(5) 只取两个具体的自变量来说明函数值的变化，能体现整个 $x\leqslant 0$ 上的情况吗？(不能)

(6) 试着在你画的图象上随便取两个满足 $x\leqslant 0$ 的点，有什么规律？(有的学生选取的点不知道具体坐标，但仍能断定自变量大的，相应的函数值反而小)

(7) 我们不妨将你随便选取的两个点的横坐标分别记作 x_1，x_2，当 $x_1<x_2$ 时，有怎样的结论？(都有 $f(x_1)>f(x_2)$)

(8) x_1，x_2 还是具体的自变量吗？用符号语言怎么描述它们取自哪里？(已经不是，它们是任意的两个自变量；$x_1, x_2\in\{x \mid x\leqslant 0\}$，教师指出最好表示为 $x_1, x_2\in(-\infty, 0]$，为后面学习单调区间做好铺垫)

设计意图　自变量的选取，由具体到任意的过程是数学思维的不断抽象化的过程. 教师引导学生自主观察、操作，学会借助数学符号表示“任意”，培养学生的高度概括和抽象思维能力.

(9) 通过以上分析就可得到函数 $y=x^2$ 在区间 $(-\infty, 0]$ 上单调递减，你能

用符号语言完整地表述一下吗?(教师根据学生的回答进行点拨)

(10) 你能依据上面的分析给出函数 $y=x^2$ 在区间 $[0,+\infty)$ 上单调递增的符号语言表述吗?

(11) 你能给出一般意义下函数 $y=f(x)$ 在区间 D 上单调递增或单调递减的符号语言表述吗?

这样就能给出函数单调性的定义.

设计意图 先让学生给出具体函数单调性的定义,再由教师根据学生的回答进行适当点拨,最后由学生给出一般意义下函数单调性的定义,充分发挥学生的主动性,挖掘学生的学习潜能. 问题的提出,体现了从具体到抽象、从特殊到一般的过程,有利于培养学生的归纳概括和类比迁移能力.

教学过程中,教师易犯的错误是为了节省时间,直接给出概念,忽略了学生的思维特点——从特殊到一般、从直观到抽象、从定性到定量. 单调性(或奇偶性)作为函数的基本性质,其概念的引入一定要循序渐进,让学生的思维逐步提升,真切感悟概念抽象的过程.

三、运算式引入指数函数

数学与运算密不可分.运算是数学的基础，离开运算的数学，就是空空的“皮囊”，没有任何作用和威力可言；数学是运算的成果，在运算中找到数学内在的联系，且赋予数学巨大的能量.

指数函数，作为一种特殊函数，刻画“指数增长或衰减”运动变化现象，这种运动变化现象在现实生活中很常见，如自然条件下人口增长、细胞分裂、放射性物质的衰减等.

数及其运算是数学发展的重要源泉和动力之一.新教材延续了旧教材的做法，非常重视指数幂的运算.为了在实数范围内研究指数函数，教材从整数指数幂出发，通过建立 n 次方根与分数指数幂的关系，把整数指数幂推广到有理数指数幂，又利用逼近和极限思想，得到无理数指数幂，从而把有理数指数幂推广到实数指数幂.在推广过程中，保持了整数指数幂的运算性质，因此，这种推广是合理的、有意义的、兼容的.这就从定义域方面为指数函数概念的形成提供了保证.

在引入指数函数的概念时，可以说是仁者见仁，智者见智.

细胞分裂和古文引入：某种细胞分裂时，由 1 个分裂成 2 个，2 个分裂成 4 个，以此类推，写出 1 个这样的细胞分裂 x 次后，得到的细胞个数 y 与 x 的函数解析式；“一尺之棰，日取其半，万世不竭”，写出取 x 次后，木棰的剩余量 y 与 x 的函数解析式.可以分别写出 $y=2^x$ 和 $y=\left(\frac{1}{2}\right)^x$，$x\in\mathbf{N}^*$，由此抽象、概括出指数函数.

折纸引入：一张长方形白纸，面积为 1，对折 x 次后，写出层数 y 与 x 的函数解析式、面积 S 与 x 的函数解析式.方法同上.

可能还有比上面简单、直接的引入方式，在此不再一一赘述.这些引入方式，虽然极易理解，但是没有突出指数函数的本质，更没有体现建模思想.这种没有过程的结论，不利于培养学生的数学思维能力和分析问题、解决问题的能力.

新教材通过对两个实例的分析，抽象出指数函数的概念. 一个实例通过分析数据很难发现其变化规律，另一个实例运算过程烦琐、式子形式复杂，这或许是很多教师仍采用上述例子引入的原因之一. 笔者认为，正是通过对这两个实例的详细分析、认真运算，才会发现指数函数变化的本质，才有利于学生用数学的眼光、数学的思维、数学的语言分析问题. 因此，教师无须换用其他实例，使用新教材上的实例就非常好.

由于在对两个实例的分析过程中，运算对找到指数函数变化的本质起到了巨大的作用，故称其为运算式引入. 具体操作过程如下：

第一步，这种增长是怎样的增长？

问题 1　旅游经济

随着中国经济高速增长，人民生活水平不断提高，旅游成了越来越多家庭的重要生活方式. 由于旅游人数不断增加，A，B 两地景区自 2001 年起采取了不同的应对措施，A 地提高了景区门票价格，而 B 地则取消了景区门票. 表 1-2 给出了 A，B 两地景区 2001 年至 2015 年的游客人次以及逐年增加量.

表 1-2　A，B 两地景区 2001 年至 2015 年的游客人次以及逐年增加量

时间/年	A 地景区		B 地景区	
	人次/万次	年增加量/万次	人次/万次	年增加量/万次
2001	600		278	
2002	609	9	309	31
2003	620	11	344	35
2004	631	11	383	39
2005	641	10	427	44
2006	650	9	475	48
2007	661	11	528	53
2008	671	10	588	60
2009	681	10	655	67
2010	691	10	729	74
2011	702	11	811	82
2012	711	9	903	92
2013	721	10	1 005	102
2014	732	11	1 118	113
2015	743	11	1 244	126

比较两地景区游客人次的变化情况，你发现了怎样的变化规律？

实例给出了 A,B 两地景区的游客人次以及逐年增加量,贴近生活实际,有利于学生从实际出发体会函数是刻画实际问题变化规律的数学模型.如何发现变化规律,是难点也是重点.由表 1-2,容易得出 A 地景区的年增加量大致相等(约为 10 万次).因此,其游客人次近似于直线上升;而 B 地景区的年增加量越来越大,由表格看不出规律,怎么办?

针对 B 地景区的游客人次变化情况分析,特设计以下问题串:

(1) 由表 1-2 看不出规律,还可以怎么办?(学生会顺口说出,列表—描点—连线,从而可以结合散点图分析.教师出示 A,B 两地景区的游客人次与时间的关系图象,进一步验证了 A 地景区的游客人次呈线性增长,而 B 地景区的游客人次呈非线性增长,得不出具体关系)

(2) 既然从图象也看不出什么规律,就回到原题再进一步分析.年增加量是相邻两年的游客人次作差得到的,针对 B 地景区游客人次的分析,能用其他的运算来发现变化规律吗?(学生会说,加法、乘法、除法等,最终会选择除法)

设计意图　画散点图是处理数据常用的一个方法,通过对图象的直观分析看出数据的变化规律;题目已经给出年增加量,年增加量实际上是通过减法运算得到的,这隐含着还可以通过其他的运算找到其中的变化规律.

(3) 从 2002 年起,将 B 地景区每一年的游客人次除以上一年的游客人次,会有什么发现?(比值近似相等,约为 1.11,即每一年的游客人次都是上一年的 1.11 倍,按相同的倍数增长)

(4) 这种增长是怎样的增长?(每一年的游客人次减上一年的游客人次,再除以上一年的游客人次,等于(3)中的结果减 1,这是增长率.此题的增长率是 $1.11-1=0.11$,是一个常数,增长率为常数的变化方式称为指数增长,因此,B 地景区的游客人次近似呈指数增长)

(5) 从 2001 年开始,如果设 x 年后的游客人次为 2001 年的 y 倍,写出 y 关于 x 的函数解析式.(试着写出 1 年后、2 年后、3 年后的式子,可以归纳得到 $y=1.11^x,x\in[0,+\infty)$)

设计意图　通过减法与除法运算相结合,发现指数增长规律,为抽象出指数函数模型做准备,提升学生的数学运算、数学建模素养.

第二步,这种衰减是怎样的衰减?

问题 2　碳-14 衰减

当生物死亡后,它机体内原有的碳-14 含量会按确定的比率衰减(称为衰减率),大约每经过 5 730 年衰减为原来的一半,这个时间称为“半衰期”.按照上述变化规律,生物体内碳-14 含量与死亡年数之间有怎样的关系?

科学研究得到，宇宙射线在大气中能够产生包括碳-14在内的放射性物质，碳-14的衰减非常有规律.生物在生长过程中衰减的碳-14，可以通过与大气的相互作用得以补充，因此活着的生物体内的碳-14含量是常数.死亡的生物就不再与大气相互作用，其体内原有的碳-14按确定的比例衰减，大约每经过5 730年衰减为原来的一半，这是考古中常用碳-14来推断年代的原因.

为探究生物死亡后，体内碳-14含量与死亡年数之间的关系，特设计如下问题串：

(1) 怎么求解生物死亡后，体内碳-14含量每年衰减的比例？$\Big($实质上就是衰减率，但实例中没有给出，只知道经过5 730年衰减为原来的一半.可设衰减率为$p(0<p<1)$，能够写出1年后、2年后、3年后的碳-14含量是原来的多少倍，归纳得到5 730年后的碳-14含量是原来的$(1-p)^{5\,730}$倍，由此建立等式关系$(1-p)^{5\,730}=\frac{1}{2}\Big)$

(2) 如何解得衰减率？$\Big((1-p)^{5\,730}=\frac{1}{2}$，式子形式比较复杂，怎么运算呢？这是指数式，如何表示出底数？用到开方运算，$1-p=\sqrt[5\,730]{\frac{1}{2}}=\left(\frac{1}{2}\right)^{\frac{1}{5\,730}}$，所以衰减率$p=1-\left(\frac{1}{2}\right)^{\frac{1}{5\,730}}\Big)$

设计意图　通过对衰减率的运算求解，培养学生解决实际问题的能力，提升学生的数学运算素养.

(3) 这种衰减是怎样衰减的？$\Big($死亡生物体内碳-14的含量每年都以$1-\left(\frac{1}{2}\right)^{\frac{1}{5\,730}}$的衰减率衰减，是一个常数，衰减率为常数的变化方式称为指数衰减，因此，死亡生物体内碳-14的含量呈指数衰减$\Big)$

(4) 设x年后死亡生物体内碳-14的含量是原来的y倍，写出y关于x的函数解析式.$\left(y=(1-p)^x\text{，即 }y=\left[\left(\frac{1}{2}\right)^{\frac{1}{5\,730}}\right]^x, x\in[0,+\infty)\right)$

设计意图　探究发现碳-14含量的衰减规律，呈指数衰减，为抽象出指数函数模型做准备，提升学生的数学建模素养.

第三步，两个函数有哪些共同特征？

通过对两个实例的分析，在运算中找到它们的变化规律(指数增长或衰减)，得到了两个函数解析式.

(1) 两个函数解析式有什么共同特征?(都是指数式,底数是个常数,指数是自变量,幂是因变量)

(2) 联系指数幂的运算,指数和底数分别有怎样的取值范围?(指数的取值范围是实数;底数大于 0,当底数等于 1 时,1 的任意次方都等于 1,没有研究的必要,同时,也为接下来学习对数做准备,故规定底数大于 0 且不等于 1)

这样就可以概括出指数函数的概念了.

设计意图　通过分析两个函数的共性,并联系指数幂的运算,概括出指数函数,提升学生的数学抽象、逻辑推理素养.

教师应引导学生学会分析题干长、信息量大的复杂题目,帮助学生在繁杂的问题中,理出头绪,找到主干,发现规律,这可能是新教材的编写意图之一吧!正是对新教材中实例的分析,才能巩固学生的"四基",提高学生的"四能",更能体现数学的应用性,促进学生数学素养的形成.

四、背景式引入向量

数学中，有些概念依托某些现象或其他的量为背景引入，并加以抽象概括后得到，本书将这种引入概念的方式称为背景式引入.

向量是近代数学中重要且基本的概念之一，其理论具有深刻的数学内涵和丰富的物理背景. 向量既是代数研究的对象，也是几何研究的对象，是沟通几何与代数的桥梁，是数形结合的典型代表.

向量的概念就是以位移、速度、力等物理量为背景引入的.

背景式引入向量的概念，具体操作如下：

(1) 小船由 A 地向东南方向航行15 n mile到达 B 地(速度的大小为10 n mile/h). 只写数值“15 n mile”而不指明“方向”，还能到达 B 地吗？(不能，不知道方向)

(2) 位移和路程有怎样的区别？(物理上学过，位移不仅有大小，还有方向，是一个矢量；路程只有大小，没有方向，是一个标量)

设计意图 以物理上学过的位移为切入点，便于学生接受. 为了突出矢量的重要特征——方向，将位移与路程加以比较.

(3) 矢量还有哪些？(速度、加速度和力)

(4) 你能准确地描述(1)中小船的位移和速度吗？(小船位移的大小是 A，B 两地之间的距离15 n mile，位移的方向是东南方向；小船速度的大小是10 n mile/h，速度的方向是东南方向)

(5) 你能描述一下重力和浮力吗？(重力是竖直向下的，大小与物体的质量有关；浮力是竖直向上的，大小与物体排开液体的质量有关)

设计意图 通过对物理中几个矢量的分析，让学生知道在表述矢量时，必须说明方向，为最终抽象出数学中的向量做好实质性的准备.

(6) 位移、速度与力的共同特征是什么？(大小和方向)

(7) 类比数量“1”的形成，从上面的量中抽象出数学中一个新的量——向量(既有大小又有方向的量).

设计意图　寻找共性的过程，可以培养学生的提炼、归纳和概括能力；通过类比迁移，培养学生运用联系的观点看问题.

对学生而言，即使有着丰富的物理背景，向量也是一个陌生的概念. 因此，在初次学习时，切记要“慢慢”来，不要急于求成，防止“欲速则不达”. 教师要反复利用学生物理上已有的认知——矢量，提醒学生向量是既有大小又有方向的量.

五、类比式引入复数

数学中，某些概念在引入时，会类比以前学过的概念的呈现方式来处理，本书称之为类比式引入.这样的概念往往与类比的概念具有相似性或连贯性，只要把握住解决问题的类似特征，就不难理解或掌握新的概念.

复数是高中生认识的最“大”的数(这里的“大”指的是范围大，或者是看作集合，它包含着其他所有数集)，它的引入是数系的又一次扩充，也是中学阶段数系的最后一次扩充.通过对复数的学习，学生对数的概念有一个更加完整和系统的认识，这也是为什么新教材将“复数”放在必修教材中(旧教材将“复数”放在选修中).

复数就是类比负整数、分数、无理数的引入而引入的.

类比式引入复数的概念，具体操作如下：

(1) 关于实系数中一元二次方程 $ax^2+bx+c=0$ 的根的情况是怎样的?$\Big($一方面，学生可能利用判别式 $\Delta=b^2-4ac$ 分析，当 $\Delta\geqslant 0$ 时，方程有两个实根，当 $\Delta<0$ 时，方程没有实根；另一方面，学生可能用配方法考虑，$ax^2+bx+c=a\left(x^2+\frac{b}{a}x\right)+c=0$，即 $a\left(x^2+2\times\frac{b}{2a}x+\frac{b^2}{4a^2}\right)-\frac{b^2}{4a}+c=0$，所以 $a\left(x+\frac{b}{2a}\right)^2=\frac{b^2-4ac}{4a}$，即 $\left(x+\frac{b}{2a}\right)^2=\frac{b^2-4ac}{4a^2}$，然后讨论说明$\Big)$

(2) 从配方形式来看方程，什么时候方程没有实根?为什么?(当 $b^2-4ac<0$ 时，方程没有实根.因为此时若要解 x，被开方数是负数，没有意义)

(3) 对一元二次方程而言，在没有实根的情况下，你能抽象出一个更简练的方程吗?(有的学生可能想到 $x^2=-a(a>0)$，要为他点赞.如果学生想不到，教师就点拨：配方形式的方程，左侧是一个含有未知数的完全平方的式子，右侧是一个小于零的式子或数)

(4) 用 $x^2+1=0$ 可以吗?与 $x^2+a=0(a>0)$之间有怎样的关系?$\Big($学生

可能想不到.教师引导:将 $x^2+a=0$ 两边同除以 a,得 $\frac{x^2}{a}+1=0$,即 $\left(\frac{x}{\sqrt{a}}\right)^2+1=0$,令 $\frac{x}{\sqrt{a}}=y$,则 $x^2+a=0$ 可以转化为 $y^2+1=0$.因此,$x^2+a=0$ 无实根就归结为 $x^2+1=0$ 无实根)

设计意图　由一元二次方程入手,既符合学生的认知基础,也为引出复数做好铺垫.在教师的指导下,通过分析配方后的方程,抽象概括出一元二次方程无实根时具有代表性的方程 $x^2+1=0$,让学生认识到数学中的复杂问题往往可以利用转化与化归的方法变为简单或基本的问题,从而培养学生分析问题、解决问题的能力,促进学生数学抽象素养的形成.

(5) 方程 $x+1=0$ 的正整数解是怎样的?(学生会很自然地得到 $x=-1$,教师提醒,是正整数解,学生会回答:-1 不是正整数,即这个方程没有正整数解)

(6) 当我们引入一个数,使它加上 1 等于 0,此时方程有解,当然这个数不是正整数(学生会说是负整数),我们认识的数就扩充到什么?(整数)

(7) 方程 $2x+1=0$ 的整数解是怎样的?(依据前面的分析,学生会说无解.解释是:虽然能由方程得到 $x=-\frac{1}{2}$,但 $-\frac{1}{2}$ 不是整数,即这个方程没有整数解)

(8) 如果引入一个数,使它的两倍加上 1 等于 0,方程就有解,当然这个数不是整数(学生会说是分数),我们认识的数就扩充到什么?(有理数)

(9) 方程 $x^2-2=0$ 的有理数解是怎样的?(无解.解释是:虽然能由方程得到 $x=\pm\sqrt{2}$,但 $\pm\sqrt{2}$ 不是有理数,即这个方程没有有理数解)

(10) 如果引入一个数,其平方等于 2,方程就有解,当然这个数不是有理数(学生会说是无理数),我们把数的范围扩充到什么?(实数)

设计意图　通过方程求解中出现的问题,将数系不断地扩充,使学生对数的认识构成一个连贯的整体,“水到渠成”地激起学生对 $x^2+1=0$ 的解的探究欲望,“润物无声”地唤起学生的求知欲.类比负整数、分数、无理数的引入过程,学生也有了创造“新”数的冲动,并学会了通过类比分析问题和解决问题.

(11) 方程 $x^2+1=0$ 在实数里没有解,怎么才能让它有解?(引入一个“新”数)什么数?(学生在没有预习的情况下,很可能不知道)(教师介绍:历史上,瑞士著名数学家欧拉为我们找到了这个“数”——i,更准确地说是一个字母,它是“imaginary”一词的首字母,本意指这个数是虚幻的,我们称它为虚数单位,它的平方加上1等于0).

设计意图 虚数单位的出现，在将实数扩充到复数的过程中，是具有里程碑意义的事件. 通过介绍 i 的数学史，激发学生学习数学的兴趣.

(12) $\sqrt{2}$是无理数，但无理数不只是$\sqrt{2}$，还有哪些？举例说明.（学生会说：$\sqrt{3}$，$\sqrt{5}$等）教师提醒：$\sqrt{2}$和有理数进行四则运算会怎样？（$2\sqrt{2}$，$-3\sqrt{2}$，$\frac{\sqrt{2}}{3}$，$1+\frac{\sqrt{2}}{2}$，$\frac{1}{2}-\sqrt{2}$等都是无理数）

(13) 类比上面得到无理数的方法，将虚数单位 i 与实数进行四则运算，会得到哪些数？试举例.（$-\mathrm{i}$，$3\mathrm{i}$，$1-\mathrm{i}$，$\sqrt{2}+\frac{3}{5}\mathrm{i}$，$-2-\sqrt{3}\mathrm{i}$ 等）

(14) 能将上面的例子写成一个通式吗？（有些学生会想到：一个实数加上一个实数乘以 i 的形式. 教师点拨：用 $a+b\mathrm{i}$ 的形式表示，这里的 $a,b\in\mathbf{R}$）

(15) 在 $a+b\mathrm{i}$ 中，当 $b=0$ 时，$a+b\mathrm{i}$ 表示的是什么数（实数）；当 $b\neq0$ 时，出现了一类新的数，都带有虚数单位 i，给它们起个什么名字呢？（因为有虚数单位，所以称它们为虚数）

实数和虚数统称为复数，这是数系的又一次扩充.

设计意图 以$\sqrt{2}$为基础类比得到一系列无理数的过程，发挥学生的主动性，抽象概括出复数的代数形式，让学生体会数系扩充中的运算规律和理性思维，以及数学形式化、符号化的过程，提升学生的逻辑推理和数学抽象素养.

通过对数的不断扩充和认识的过程，运用类比的方法引入复数，符合学生的认知发展规律. 这样的类比，就如为学生的认知冲突（方程 $x^2+1=0$ 在实数中没有解）“搭了一架梯子”，能顺理成章地引入“新”数.

第二篇

习题篇

教材中的习题(包括练习、习题、复习参考题)是经过各位教材编写专家反复揣摩、精心挑选的,看似不难或没有"味道",实际上,并非"鸡肋",而像是滋味甘醇的美酒,让人回味无穷、越品越有味道.

习题是对概念或定理的进一步巩固,或是对技能、方法的进一步应用,然而个别教师并不重视.事实上,教材中很多习题都是基础性的题目,而试卷中的某些难题往往是由它们构成的,甚至某些习题一经改编,就是高考考试题.

笔者结合几十年的教学经验以及对新教材(必修部分)的深入研究,对部分习题加以归类、分析,将其分为七个不同类型加以阐述,分别是可变式习题、层进式习题、开放式习题、辨析式习题、孪生性习题、实用性习题、补充式习题.

一、可变式习题

在讲解某些习题时，不要就题讲题，要用“变”的眼光看问题，这样讲一题就能让学生懂一类题，让学生不只是看到“树木”，还能见到“森林”，感受数学的无穷魅力．本书称这类习题为可变式习题．可变式习题，可以变换条件，也可以变换结论，变换后的条件或结论与原来的条件或结论应该具有一定的相似性．因为这些习题是新授课后的习题，以学生对知识的掌握程度或对知识的理解程度，他们很难自主进行变式，所以教师的主导性起着关键作用，只能由教师进行适当的变式，以发挥习题的最大价值．

下面举例说明．

例 1　新教材必修第一册“集合间的基本关系”习题 1.2 第 5 题(2)：

已知集合 $A=\{x|0<x<a\}$，$B=\{x|1<x<2\}$，若 $B\subseteq A$，求实数 a 的取值范围．

本题就难易程度来说，显然属于容易题．由条件 $B\subseteq A$，只要依据子集的定义——对于两个集合 A，B，如果集合 A 中任意一个元素都是集合 B 中的元素，就称集合 A 为集合 B 的子集(记作 $A\subseteq B$ 或 $B\supseteq A$)，就可得到集合 B 中的每一个元素都是集合 A 中的元素，所以 $a\geqslant 2$．

此题是一个能够变式的题目．

如将条件中集合 A 改为 $A=\{x|1<x<a\}$，而 $B\subseteq A$ 改为 $A\subseteq B$，其他条件和结论都不变，题目就变为：已知集合 $A=\{x|1<x<a\}$，$B=\{x|1<x<2\}$，若 $A\subseteq B$，求实数 a 的取值范围．由 $A\subseteq B$ 可知集合 A 是相对“小”的，但范围又不明确，所以要注意考虑集合 A 为空集这种情况，即我们常提到的集合问题中“空集优先”原则．

如果学习了集合的基本运算，就可将条件 $B\subseteq A$ 等价转换为 $A\cap B=B$ 或 $A\cup B=A$．原题目就变为：已知集合 $A=\{x|0<x<a\}$，$B=\{x|1<x<2\}$，若 $A\cap B=B$(或 $A\cup B=A$)，求实数 a 的取值范围．虽然题目形式变了，但实质上与原题的解法一样．若将条件 $B\subseteq A$ 改为 $A\cap B=\varnothing$ 或 $A\cap B\neq\varnothing$，其他不变，就

又变成新的题目.

总之,原题中的两个集合可以改变,两个集合的关系或运算也可以改变,由此可变换出更多的新题.

例 2 新教材必修第一册第二章"一元二次函数、方程和不等式"复习参考题 2 第 5 题:

若 $a,b>0$,且 $ab=a+b+3$,求 ab 的取值范围.

本题条件不变,结论可以变为"求 $a+b$ 的取值范围".条件中的关系式,既有 $a+b$,又有 ab,在解题过程中,联想到基本不等式 $\frac{a+b}{2}\geqslant\sqrt{ab}$.若求 ab 的取值范围,就可通过基本不等式消去 $a+b$,原关系式就转化为关于 ab 的不等式,解不等式可得解;若求 $a+b$ 的取值范围,就可通过基本不等式消去 ab,原关系式就转化为关于 $a+b$ 的不等式,同样可得解.

例 3 新教材必修第一册第二章"一元二次函数、方程和不等式"复习参考题 2 第 6 题:

当 k 取什么值时,一元二次不等式 $2kx^2+kx-\frac{3}{8}<0$ 对一切实数 x 都成立?$\left(提示:隐含 k\neq 0,\begin{cases}k<0,\\ \Delta<0\end{cases}\right)$

将"对一切实数 x 都成立"改为"解集为空集",得到变式 1:当 k 取什么值时,一元二次不等式 $2kx^2+kx-\frac{3}{8}<0$ 的解集为空集?$\left(提示:\begin{cases}k>0,\\ \Delta\leqslant 0\end{cases}\right)$

将"对一切实数 x 都成立"改为"解集非空",得到变式 2:当 k 取什么值时,一元二次不等式 $2kx^2+kx-\frac{3}{8}<0$ 的解集非空?$\left(提示:k<0 或\begin{cases}k>0,\\ \Delta>0\end{cases}\right)$

当将原题和变式中的"$<$"改成"$>$""$\leqslant$"或"$\geqslant$"时,就又出现 9 个变式.

原题去掉"一元二次"得到变式 3:当 k 取什么值时,不等式 $2kx^2+kx-\frac{3}{8}<0$ 对一切实数 x 都成立?$\left(提示:k=0 或\begin{cases}k<0,\\ \Delta<0\end{cases}\right)$此时注意对 $k=0$ 的讨论.将上述变式中"一元二次"都去掉,又得到 11 个变式.这样由一个题目可变出一串题目.

二、层进式习题

层进式习题的引入是新教材中习题的设计特色之一.所谓层进式习题,是指由表及里、由浅入深、由简单到复杂、由具体到抽象、层层推进、环环相扣的习题,往往开始于特殊、具体的问题,结束于一般、抽象的问题.

层进式习题便于教师自然过渡.层进式习题往往是以问题串的形式呈现,教师不用再过多地加工,只需要依据给定的问题,巧用启发性语言,自然过渡到下一个问题,甚至更一般化的问题.这样不仅能提高教师的工作效率,而且能提高学生的学习效率.

层进式习题便于学生渐入佳境.从简单、具体的问题入手,层层深入,逐步抽象、概括得到一般化的问题,符合学生的身心发展规律和认知特点.在层层递进地解决问题的过程中,学生的思维能力、抽象概括能力不断增强,分析问题、解决问题的能力也不断提升.

下面举例说明.

例1　新教材必修第一册"函数的基本性质"习题3.2第8题:

(1) 根据函数单调性的定义证明函数 $y=x+\frac{9}{x}$ 在区间$[3,+\infty)$上单调递增.

(2) 讨论函数 $y=x+\frac{9}{x}$ 在区间$(0,+\infty)$上的单调性.

(3) 讨论函数 $y=x+\frac{k}{x}(k>0)$ 在区间$(0,+\infty)$上的单调性.

本题一共有三问,具有层层递进、难度逐渐增大、抽象概括性逐级增强的特点,是一道非常典型的层进式习题.实际上,最简单也最基础的当然是第一问.说它简单,是因为利用单调性的定义并不难证明,更何况"单调性与最大(小)值"一节例3就是其模板;说它基础,是因为三个"具体":一是函数非常具体,二是单调区间非常具体,三是证明方法非常具体——用单调性的定义证明单调递增.第一问的作用就犹如建造一座高楼大厦的地基.

下面展示解题教学过程.

学生在黑板上板书：

(1) 证明：$\forall x_1, x_2 \in [3, +\infty)$，且 $x_1 < x_2$，则

$$y_1 - y_2 = \left(x_1 + \frac{9}{x_1}\right) - \left(x_2 + \frac{9}{x_2}\right) = x_1 - x_2 + \left(\frac{9}{x_1} - \frac{9}{x_2}\right)$$

$$= x_1 - x_2 + \frac{9(x_2 - x_1)}{x_1 x_2} = \frac{x_1 x_2 (x_1 - x_2) + 9(x_2 - x_1)}{x_1 x_2}$$

$$= \frac{(x_1 - x_2)}{x_1 x_2}(x_1 x_2 - 9).$$

因为 $x_1, x_2 \in [3, +\infty)$，且 $x_1 < x_2$，

所以 $x_1 - x_2 < 0$，$x_1 x_2 > 9$，即 $x_1 x_2 - 9 > 0$.

所以 $\frac{(x_1 - x_2)}{x_1 x_2}(x_1 x_2 - 9) < 0$，即 $y_1 < y_2$.

因此，函数 $y = x + \frac{9}{x}$ 在区间 $[3, +\infty)$ 上单调递增.

设计意图 熟练运用定义法证明函数的单调性，进一步掌握用定义法证明函数单调性的步骤（取值→作差变形→判号→结论），提升学生的逻辑推理、数学运算等素养，也为解决后面的问题做好铺垫.

教师“牵线搭桥”，引出第二问的解题方向.

教师：对于这个函数，这位同学已经证明了在区间 $[3, +\infty)$ 上单调递增，现在讨论在区间 $(0, +\infty)$ 上的单调性，只需再考虑哪个区间上的单调性？

学生：考虑区间 $(0, 3]$ 上的单调性.

教师：你能猜测这个函数在区间 $(0, 3]$ 上是单调递增还是单调递减吗？

学生：既然第一问让我们证明函数在区间 $[3, +\infty)$ 上单调递增，那么在剩余的区间 $(0, 3]$ 上肯定单调递减.（学生说的“剩余的区间”是指在区间 $(0, +\infty)$ 上除区间 $[3, +\infty)$ 之外的区间，至于在“3”处是“闭”还是“开”，因为“3”这一点处不具有单调性，所以“闭”或“开”都可以）

教师：请同学们证明一下.

接下来，学生用单调性的定义证明函数 $y = x + \frac{9}{x}$ 在区间 $(0, 3]$ 上单调递减.（证明过程略）

教师继续启发引导.

教师：通过前面的证明，我们知道函数 $y = x + \frac{9}{x}$ 在区间 $(0, 3]$ 上单调递减，在区间 $[3, +\infty)$ 上单调递增. 它们的分界点是 3，与函数中哪个数有关？是什么

关系?

学生：与9有关，是9的算术平方根.

教师：如果将函数改为 $y=x+\frac{4}{x}$，讨论该函数在区间 $(0,+\infty)$ 上的单调性，结果又会怎样呢?

学生：该函数肯定是在区间 $(0,2]$ 上单调递减，在区间 $[2,+\infty)$ 上单调递增.

为了节省时间，提高课堂效率，教师按小组安排任务，1至4组证明函数在区间 $(0,2]$ 上单调递减，5至8组证明函数在区间 $[2,+\infty)$ 上单调递增.（为了便于小组合作学习，笔者将全班学生分成了8组，每组6人左右）

设计意图　教师将第二问中的具体函数改为 $y=x+\frac{4}{x}$，无非是想让学生通过几个具体明确的函数具有的特点，抽象概括出一般的函数也具有这样的特点，为第三问的提炼升华起到"助燃"作用.

教师趁热打铁，学生乘胜追击，目标直指第三问.

教师：如果将函数改为 $y=x+\frac{k}{x}(k>0)$，讨论该函数在区间 $(0,+\infty)$ 上的单调性，结果又会怎样呢?（注意这里的 k 是一个常数）

学生：该函数肯定是在区间 $(0,\sqrt{k}]$ 上单调递减，在区间 $[\sqrt{k},+\infty)$ 上单调递增.

教师：请同学们证明一下自己的猜测.

与前面类似，仍按小组安排任务，学生很快验证了自己的猜测.（证明过程略）

设计意图　有了前面的源头活水——具体函数做铺垫，很自然地就水到渠成——一般化函数出现.这种由特殊情形到一般结论的思维习惯是数学上常用的思维模式，是发现问题的常用"套路"，对提升学生的数学抽象、逻辑推理等素养有极大的帮助.

至此三问都已解决，也得到了一般性的结论.然而，教师却继续发问.

教师：第二问中的函数 $y=x+\frac{9}{x}$ 的定义域是什么?（可能有点小小的突兀）

学生：定义域是 $(-\infty,0)\cup(0,+\infty)$.（先是一愣，继而抢着回答）

教师：我们已经讨论了这个函数在区间 $(0,+\infty)$ 上的单调性，是不是有个疑问——这个函数在区间 $(-\infty,0)$ 上的单调性是怎样的?

学生开始窃窃私语，教师不动声色.

学生：它在区间$(-\infty,-3]$上单调递增，在区间$[-3,0)$上单调递减.（一个学生突然站起来，答完后，得意洋洋地环顾四周）

教师：你是怎么知道的？

学生：这个函数是奇函数，图象关于原点对称，在对称区间上单调性一致.因为它在区间$(0,3]$上单调递减，所以在区间$[-3,0)$上也单调递减；又在区间$[3,+\infty)$上单调递增，因此在区间$(-\infty,-3]$上也单调递增.（同时用手比画函数的增减趋势，刚说完，所有学生为他鼓掌）

教师：可见充分利用函数的性质能得到意想不到的结论.请同学们看一下老师使用作图软件画的函数$y=x+\dfrac{9}{x}$（图2-1），图象显示的单调性是不是与前面研究的一样？图象的形状像什么？

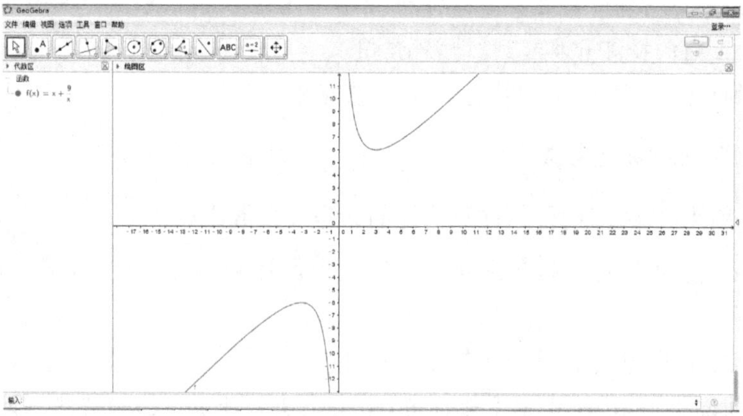

图2-1

学生：一样.像对号，只不过一个是正的，一个是反的.

教师：我们就把它叫作对号函数.对号函数的转折点（正对号的最低点，反对号的最高点）对应的x分别取3和-3，实际上是9的两个平方根.

设计意图　学生依据函数的单调性和奇偶性得到了“精彩”的结论，这既是对学生综合运用所学知识解决问题能力的挑战，也是对学生勇于面对困难、敢于战胜困难的意志品质的考验.教师展示函数$y=x+\dfrac{9}{x}$的图象，培养学生数形结合的意识，进一步提升学生的直观想象能力.

教师：函数$y=x+\dfrac{k}{x}(k>0)$在其定义域内的单调性如何？

学生：它在区间$(-\infty,-\sqrt{k}]$上单调递增，在区间$[-\sqrt{k},0)$上单调递减，在区间$(0,\sqrt{k}]$上单调递减，在区间$[\sqrt{k},+\infty)$上单调递增.

给学生留几分钟，让他们消化吸收所学知识.

设计意图　根据教师的点拨和指引，学生能够得到一般的结论，虽是授之以“渔”，但仍需要一个感悟和领会的过程. 给学生留几分钟，就是让他们去内化知识和方法.

最后，教师留下思考题：讨论函数$y=x+\frac{k}{x}(k\neq 0)$在其定义域上的单调性.

设计意图　一节完整的课，并不一定要解决所有的问题；看似“残缺”的课，实则留有“余香”，寓意深长. 在教师的引领下，学生会思、会学. 离开教师，学生要试着用所学的方法去解决问题，从而锻炼思维能力，提高数学素养.

例 2　新教材必修第一册“三角恒等变换”习题 5.5 第 18 题：

观察以下各等式：

$$\sin^2 30°+\cos^2 60°+\sin 30°\cos 60°=\frac{3}{4},$$

$$\sin^2 20°+\cos^2 50°+\sin 20°\cos 50°=\frac{3}{4},$$

$$\sin^2 15°+\cos^2 45°+\sin 15°\cos 45°=\frac{3}{4}.$$

分析上述各式的共同特点，写出能反映一般规律的等式，并对等式的正确性作出证明.

该层进式习题是从多个具体的式子进行抽象概括出具有一般性的式子. 只分析第一个式子，出现的角分别是 30°和 60°，可能猜测，给出的两个角和是 90°或倍角关系. 但当分析第二个式子时，就否定了前面的猜测，继而会想到这两个角的差值是 30°. 再验证第三个式子，也满足差值是 30°.

可以抽象概括出具有一般性的式子为

$\sin^2\alpha+\cos^2(\alpha+30°)+\sin\alpha\cos(\alpha+30°)=\frac{3}{4}$,

$\sin^2(\alpha-15°)+\cos^2(\alpha+15°)+\sin(\alpha-15°)\cos(\alpha+15°)=\frac{3}{4}$,

$\sin^2\alpha+\cos^2\beta+\sin\alpha\cos\beta=\frac{3}{4}$，其中$\beta-\alpha=30°$，等等.

由结果可知，式子的形式虽然不唯一，但实质都是两角的差值为 30°. 下面以$\sin^2\alpha+\cos^2\beta+\sin\alpha\cos\beta=\frac{3}{4}$，其中$\beta-\alpha=30°$为例加以证明.

证明：因为$\beta-\alpha=30°$，所以$\beta=\alpha+30°$，因此

$\sin^2\alpha+\cos^2\beta+\sin\alpha\cos\beta$

$=\sin^2\alpha+\cos^2(\alpha+30^\circ)+\sin\alpha\cos(\alpha+30^\circ)$

$=\sin^2\alpha+\cos^2(\alpha+30^\circ)+\sin\alpha(\cos\alpha\cos 30^\circ-\sin\alpha\sin 30^\circ)$

$=\sin^2\alpha+(\cos\alpha\cos 30^\circ-\sin\alpha\sin 30^\circ)^2+\frac{\sqrt{3}}{2}\sin\alpha\cos\alpha-\frac{1}{2}\sin^2\alpha$

$=\sin^2\alpha+\frac{3}{4}\cos^2\alpha-\frac{\sqrt{3}}{2}\sin\alpha\cos\alpha+\frac{1}{4}\sin^2\alpha+\frac{\sqrt{3}}{2}\sin\alpha\cos\alpha-\frac{1}{2}\sin^2\alpha$

$=\frac{3}{4}\sin^2\alpha+\frac{3}{4}\cos^2\alpha=\frac{3}{4}.$

例 3 新教材必修第一册“三角函数的概念”习题 5.2 第 18 题：

(1) 分别计算 $\sin^4\frac{\pi}{3}-\cos^4\frac{\pi}{3}$ 和 $\sin^2\frac{\pi}{3}-\cos^2\frac{\pi}{3}$ 的值，你有什么发现？

(2) 任取一个 α 的值，分别计算 $\sin^4\alpha-\cos^4\alpha$，$\sin^2\alpha-\cos^2\alpha$，你又有什么发现？

(3) 证明：$\forall x\in\mathbf{R}$，$\sin^2x-\cos^2x=\sin^4x-\cos^4x$.

很明显，本题也是一道层进式习题. 第一问通过具体的角算出两个式子的结果，得到它们相等；第二问让学生自己随意取一个具体的角，看看能得到什么结论；第三问对任意角而言，证明两式相等. 设计过程是：具体角→自取具体角→抽象为任意角.

教学过程如下：第一问中，因 $\frac{\pi}{3}$ 是一个具体、特殊的角，其正弦值、余弦值可直接算出，故易得两式相等；若将 $\frac{\pi}{3}$ 换成其他角又会怎样呢？如 $\alpha=\frac{\pi}{4}$，$\frac{\pi}{6}$ 等特殊角，由学生计算可得两式相等，第二问顺利解决(取特殊角是为了便于算出具体数值)；由第一、二问的结论，自然地引出思考“是不是对任意角都有这样的结论”，水到渠成地归纳概括出第三问，至于证明过程，可从左到右，也可从右到左证得等式. 例如，从左到右证明：左边 $=\sin^2x-\cos^2x=(\sin^2x-\cos^2x)\times1=(\sin^2x-\cos^2x)\times(\sin^2x+\cos^2x)=\sin^4x-\cos^4x=$ 右边，所以等式成立. 将上述证明逆过来写，就是从右到左的证明过程，在整个证明过程中用到了平方关系 $\sin^2x+\cos^2x=1$. 更准确地说，从左到右，用到“1”的代换，从右到左，用到因式分解(平方差公式的逆用).

教材中该题的解题顺序，实质上用到了归纳推理，由个别、特殊、具体的值 $\left(\frac{\pi}{3},\frac{\pi}{4},\frac{\pi}{6}\text{等}\right)$ 总结、归纳、概括出一般化、普适性、抽象化的结论(任意角). 然而，判断一般化、普适性、抽象化的结论是否正确，需要进行严格的推理证明，而非几个个别或特殊的事例所能说明的.

三、开放式习题

开放式习题是指答案不唯一、不固定的习题，只要言之有理，符合题意，答案就算正确. 这类习题，开放性是其鲜明的特色，旨在培养学生的发散性思维和创造性思维，更能研判学生的“四基”，体现学生的“四能”，提升学生的核心素养.

下面举例说明.

例 1　新教材必修第一册“函数的概念及其表示”习题 3.1 第 14 题：

构建一个问题情境，使其中的变量关系能用解析式 $y=\frac{1}{2}ax^2\ (a>0)$ 来描述.

本题就是一个极具开放性的习题，构建的问题情境与学生的生活、学习经验有着密切的关系.

如果学生的物理学得很好，可能联想到初速度为零、加速度 a 一定的匀加速直线运动的物体，经过时间 t 后的位移是 $s=\frac{1}{2}at^2$；也可能联想到质量 m 一定的运动物体的能量 E 是速度 v 的函数 $E=\frac{1}{2}mv^2$；还可能联想到电阻 R 一定的导线中，电流通过时单位时间内产生的热量 Q 是电流强度 I 的函数 $Q=\frac{1}{2}RI^2$. 上面的实例中，变量 s,t,E,v,Q,I 都有各自特定的物理意义，一般化后，用 x,y 分别表示自变量和对应的函数值，则它们之间的对应关系就是 $y=\frac{1}{2}ax^2\ (a>0)$.

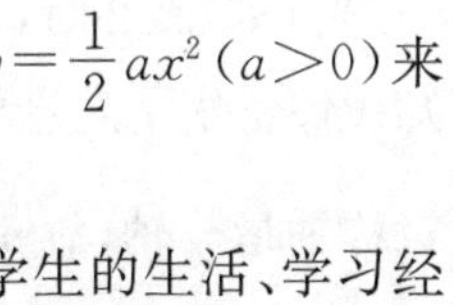

图 2-2

如果学生的几何学得比较好，会画出如图 2-2 所示的图象，其中经过原点的一条直线是 $y=ax\ (a>0)$，一条垂直于 x 轴的直线是 $x=b$，则这两条直线与 x 轴围成的三角形的面积是 $S=\frac{1}{2}ab^2$. 现在只需将 b 换成 x，S 换成 y，就可得到

$$y=\frac{1}{2}ax^2(a>0).$$

例 2 新教材必修第一册第四章“指数函数与对数函数”复习参考题 4 第 13 题：

如图 2-3，函数 $y=f(x)$ 的图象由曲线段 OA 和直线段 AB 构成.

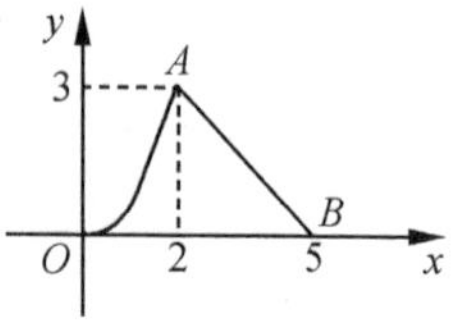

图 2-3

(1) 写出函数 $y=f(x)$ 的一个解析式；

(2) 提出一个能满足函数 $y=f(x)$ 图象变化规律的实际问题.

本题也是一个开放的题目，两问都是开放性的问题，答案都不唯一. 本题不仅能激发学生的探究欲望和丰富想象，还能发挥学生的知识和能力水平. 这样的题目着眼于学生长远的发展目标，符合新课标的设计理念，适应新时代的发展需求.

第一问，当 $2\leqslant x\leqslant 5$ 时，函数图象是一条明确的线段，只要设 $y=kx+b$，其经过点(2,3)和(5,0)，代入上式，可得 $k=-1$，$b=5$，所以 $y=-x+5(2\leqslant x\leqslant 5)$. 当 $0\leqslant x\leqslant 2$ 时，函数图象是一条曲线，此时对应的解析式不唯一，与学生的知识储备水平息息相关. 若联想到初中学过的二次函数，则可设 $y=ax^2$（可认为对称轴是 y 轴，故 $b=0$；图象经过原点，故 $c=0$），代入点(2,3)，得 $a=\frac{3}{4}$，所以 $y=\frac{3}{4}x^2$；若联想到刚刚学过的幂函数，则可设 $y=x^\alpha$，代入点(2,3)，得 $\alpha=\log_2 3$，所以 $y=x^{\log_2 3}$；若联想到学过的指数型函数，则可设 $y=m^x+n$，其图象经过点(0,0)和(2,3)，代入可得 $m=2$，$n=-1$，所以 $y=2^x-1$. 显然还有其他形式的解析式，在此不再一一赘述.

第二问是建构一个实际问题，实质上是一个建模过程，不仅考查学生知识掌握的深度，还考查学生知识掌握的广度. 例如，可将 $y=f(x)$ 看作汽车行驶速度 y km/min 与时间 x min 的关系，汽车从静止加速行驶到第 2 min，然后匀减速行驶到第 5 min 停下来；也可将 $y=f(x)$ 看作汽车行驶位移 y km 与时间 x min的关系，汽车从静止加速行驶了 2 min 后，然后掉头匀速行驶，第 5 min 回到出发点.

例 3 新教材必修第一册第五章“三角函数”复习参考题 5 第 24 题：

已知 $\sin\beta+\cos\beta=\frac{1}{5}$，$\beta\in(0,\pi)$. (1) 求 $\tan\beta$ 的值；(2) 你能根据所给的条件，自己构造出一些求值问题吗？

本题第二问是开放性的问题，可以根据条件自己构造想求的值，当然不可随意、盲目构造，必须是在总条件下能够求得的值. 将条件 $\sin\beta+\cos\beta=\frac{1}{5}$ 与 $\sin^2\beta+\cos^2\beta=1$ 联立，可求得 $\sin\beta,\cos\beta$，从而得到 $\tan\beta$. 第一问的结果为第二问的求值问题设计好了"大方向"——与 β 有关的三角函数式，如 $\cos\left(\beta-\frac{\pi}{4}\right)$，$\sin 2\beta$，$\frac{\sin\beta-\cos\beta}{3\cos\beta+5\sin\beta}$ 等. 也就是说，可以求得整数倍 $\left(\text{或}\frac{1}{2},\frac{1}{4},\frac{1}{8}\text{等}\right)$ 的 β 加、减一个特殊角 $\left(\frac{\pi}{6},\frac{\pi}{4},\frac{\pi}{3},\frac{\pi}{2}\text{等}\right)$ 的三角函数值，以及由这些三角函数值进行加、减、乘、除、乘方、开方运算后组合的式子.

例 4　新教材必修第二册第八章"立体几何初步"复习参考题 8 第 15 题：

从直线 a，b 和平面 ω 这三个空间元素中任取两个，若已知它们与第三个元素有平行或垂直关系，则所取的两个元素是否也有平行或垂直关系？你能得到哪些结论？写出一些你认为重要的. 如果三个元素分别是直线 m、平面 α 和 β，你能得到哪些结论？

本题相当于两问，第一问是两条直线和一个平面组合形成的结论；第二问是一条直线和两个平面组合形成的结论. 答案不唯一，是一个开放式习题.

结论有很多，怎么将它们不重不漏地写出来呢？教师要帮助学生学会有条理、有逻辑地分析问题. 以第一问为例来说明，从直线 a，b 和平面 ω 中任取两个元素，共有三种情况，分别是 a,b；a,ω；b,ω. 需要注意的是，a，b 具有等价性，故 a,ω 与 b,ω 都是线面问题，因此任取两个元素，实质上就是线线(a,b)和线面(a,ω 或 b,ω)两种情况.

具体解题教学过程如下：

教师：当任取的两个元素是 a，b 时，结论自然是 a 与 b 平行或垂直，条件怎么表述？

学生：条件是 a 与 ω 平行或垂直，b 与 ω 平行或垂直.

教师：谁能将所得的命题全部叙述一下？

学生：(1) 若 $a/\!/\omega$，$b/\!/\omega$，则 $a/\!/b$；(2) 若 $a\perp\omega$，$b/\!/\omega$，则 $a/\!/b$；(3) 若 $a/\!/\omega$，$b\perp\omega$，则 $a/\!/b$；(4) 若 $a\perp\omega$，$b\perp\omega$，则 $a/\!/b$；(5) 若 $a/\!/\omega$，$b/\!/\omega$，则 $a\perp b$；(6) 若 $a\perp\omega$，$b/\!/\omega$，则 $a\perp b$；(7) 若 $a/\!/\omega$，$b\perp\omega$，则 $a\perp b$；(8) 若 $a\perp\omega$，$b\perp\omega$，则 $a\perp b$.

学生(另一个)：有重复的命题(实质是等价的命题). (2)和(3)实质是一样的，这是根据老师的提示"a,ω 与 b,ω 都是线面问题"得到的，即"$a\perp\omega$，$b/\!/\omega$"与"$a/\!/\omega$，$b\perp\omega$"是等价条件，用自然语言表述是"若两直线中有一条平行于一个平面，另一条垂直于这个平面，则两直线平行". 同理，(6)和(7)也是等价的.

教师：这两位同学说得很好！尤其是第二位同学的解释说明，指出了其中的等价命题. 如果去掉等价命题中的(3)和(7),就只剩下 6 个命题. 因为在以后的学习中常遇到这样的命题,所以需要判断它们的真假. 谁能说一下它们的真假?

学生:(4)和(6)是真命题,其余都是假命题.

教师:非常棒! 其中(4)是直线与平面垂直的一条性质定理.

设计意图 通过让学生列举所有命题,旨在培养学生有条理、有规律地分析问题. 对等价命题的处理,体现了数学的思维特点——透过现象看本质. 在分析问题的过程中,提升学生的数学抽象和逻辑推理素养.

教师:当任取的两个元素是 a,ω 时,结论自然是 a 与 ω 平行或垂直,条件又该怎么表述呢?

学生:条件是 a 与 b 平行或垂直,b 与 ω 平行或垂直.

教师:仿照前面的叙述,谁能将命题表述一下?

学生:(1) 若 $a /\!/ b$,$b /\!/ \omega$,则 $a /\!/ \omega$;(2) 若 $a \perp b$,$b /\!/ \omega$,则 $a /\!/ \omega$;(3) 若 $a /\!/ b$,$b \perp \omega$,则 $a /\!/ \omega$;(4) 若 $a \perp b$,$b \perp \omega$,则 $a /\!/ \omega$;(5) 若 $a /\!/ b$,$b /\!/ \omega$,则 $a \perp \omega$;(6) 若 $a \perp b$,$b /\!/ \omega$,则 $a \perp \omega$;(7) 若 $a /\!/ b$,$b \perp \omega$,则 $a \perp \omega$;(8) 若 $a \perp b$,$b \perp \omega$,则 $a \perp \omega$. 没有等价的命题.

教师:很好! 命题的真假性是怎样的?

学生:只有(7)是真命题,而且是教材中的一个例题.

设计意图 学生通过类比前面的叙述,能够获得相应的命题,并且能够判断有无等价命题,分析问题和解决问题的能力得到提高.

至于第二问,教师就要让学生独立思考,仿照第一问的解题过程,得出相应的结论.

四、辨析式习题

辨析式习题又叫判断说明式习题，是一种先判断给出的结论或解答过程正确与否，再进行解释说明的习题，即先辨后析．辨是判断正误，有的需要说明理由，有的无须说明理由．析是解释说明，往往正确的结论或解答过程无须解释，错误的需要给出正确的结论或解答过程．

下面举例说明．

例 1　新教材必修第一册“全称量词与存在量词”习题 1.5 第 6 题：

在本节，我们介绍了命题的否定的概念，知道一个命题的否定仍是一个命题，它和原先的命题只能一真一假，不能同真或同假．

在数学中，有很多“若 p，则 q”形式的命题，有的是真命题，有的是假命题．例如：

① 若 $x>1$，则 $2x+1>5$；（假命题）

② 若四边形为等腰梯形，则这个四边形的对角线相等．（真命题）

这里，命题①②都是省略了量词的全称量词命题．

(1) 有人认为，①的否定是“若 $x>1$，则 $2x+1\leqslant 5$”，②的否定是“若四边形为等腰梯形，则这个四边形的对角线不相等”．你认为对吗？如果不对，请你正确地写出命题①②的否定．

(2) 请你列举几个“若 p，则 q”形式的省略了量词的全称量词命题，分别写出它们的否定，并判断真假．

本题是一道辨析式习题．实际上，根据本题前半部分的铺垫——命题与命题的否定只能一真一假和命题①②都是省略了量词的全称量词命题，就能很容易得到给出的命题①②的否定是不对的．分析：对于①的否定“若 $x>1$，则 $2x+1\leqslant 5$”，一方面，从命题的真值关系来看，①与①的否定只能一真一假，然而给出的①的否定与①都是假命题；另一方面，命题①中的条件“$x>1$”省略了全称量词“任意的”，其否定需按照全称量词命题的否定规则——量词转换且结论否定来书写．从以上两个方面都能说明①的否定是不对的．至于②的否定“若四边形为等腰梯形，则这个四边形的对角线不相等”，由于命题②是真命题，②的否定是假命题，因此通过真值关系无法判断②的否定是否正确. 事实上，命题②中的条件“四边形为等腰梯形”隐含着“任给一个四边形，只要是等腰梯形”，由此知道该命题是一个全称量词命题，所以只能按照全称量词命题的否定规则来判断. 更正如下：①的否定是“存在实数 $x>1$，使得 $2x+1\leqslant 5$”，是真命题；②的否定是“存在一个等腰梯形，使得其对角线不相等”，是假命题.

本题题意已说明量词省略了，但很多时候需要学生自己根据命题判断是否省略了量词. 对于第二问，一般可从三个方面来考虑. 一是从概念来考虑，将概念写成“若 p，则 q”形式，如“两组对边分别平行的四边形叫作平行四边形”，可改写成“若一个四边形的两组对边分别平行，则这个四边形就是平行四边形”，其否定是“存在一个两组对边分别平行的四边形不是平行四边形”（假命题）. 二是从定理来考虑，课本上有好多定理就是全称量词命题，如“若两个三角形的三边分别对应相等，则这两个三角形全等”的否定是“存在两个三角形的三边分别对应相等，但它们不全等”（假命题）. 三是从数或数的运算来考虑，如“若 $x^2-2x-3\neq 0$，则 $x\neq 3$”隐含着“若 $\forall x\in \mathbf{R}$，且 $x^2-2x-3\neq 0$，则 $x\neq 3$”，其否定为“$\exists x\in \mathbf{R}$，满足 $x^2-2x-3\neq 0$，但 $x=3$”（假命题）.

例 2 新教材必修第一册“函数的应用(二)”习题 4.5 第 13 题：

有一道题“若函数 $f(x)=24ax^2+4x-1$ 在区间 $(-1,1)$ 内恰有一个零点，求实数 a 的取值范围”，某同学给出了如下解答：由 $f(-1)f(1)=(24a-5)(24a+3)<0$，解得 $-\frac{1}{8}<a<\frac{5}{24}$，所以，实数 a 的取值范围是 $\left(-\frac{1}{8},\frac{5}{24}\right)$. 上述解答正确吗？若不正确，请说明理由，并给出正确的解答.

本题也是一道辨析式习题，是判断某一解答过程是否正确. 就提问的方式来看，如果正确，无须任何说明；如果不正确，需要说明理由且给出正确的解答. 就本题提问的环境来看，不正确的可能性非常大. 试想，如果正确，回答就只有两个字“正确”，岂不失去了提高分析问题、解决问题能力的机会.

下面展示解题教学过程.

教师：通过题目给出的解答过程，能联想到这位同学用了什么知识？

学生：用了函数零点存在定理. 由 $f(-1)f(1)<0$ 联想到 $f(a)f(b)<0$，因此知道用的是什么知识.

教师：谁能说一下函数零点存在定理？

学生：对于函数 $y=f(x)$，如果 $f(a)f(b)<0$，那么函数 $y=f(x)$ 在区间 (a,b) 内有一个零点.

学生（上一个学生刚说完，这个学生就猛地站起来）：不对，函数的图象应该连续不断才行，如函数 $f(x)=\frac{1}{x}$，虽然有 $f(-1)f(1)<0$，但函数 $f(x)=\frac{1}{x}$ 在区间 $(-1,1)$ 内没有零点. 事实上，函数 $f(x)=\frac{1}{x}$ 的图象与 x 轴没有公共点.

学生（又一个学生补充说明）：还有错误，结论应该是函数 $y=f(x)$ 在区间 (a,b) 内至少有一个零点，也就是说，函数 $y=f(x)$ 的图象与 x 轴在区间 (a,b) 内的公共点可以不止一个.

教师：这两位同学补充得非常好！谁能完整地表述一下函数零点存在定理？

学生：如果函数 $y=f(x)$ 在区间 $[a,b]$ 上的图象是一条连续不断的曲线，且有 $f(a)f(b)<0$，那么函数 $y=f(x)$ 在区间 (a,b) 内至少有一个零点，即存在 $c\in(a,b)$，使得 $f(c)=0$，这个 c 也就是方程 $f(x)=0$ 的解.

教师：很好！如果函数 $y=f(x)$ 在区间 (a,b) 内至少有一个零点，是不是一定有 $f(a)f(b)<0$？为什么？

学生：不一定！当函数 $y=f(x)$ 在区间 (a,b) 内的图象与 x 轴相切时，切点的横坐标就是函数的零点，但切点两侧的函数值是同号的，即 $f(a)f(b)>0$，如图 2-4 所示.

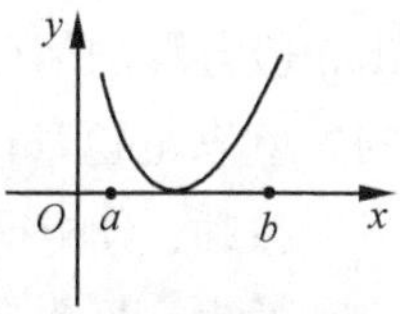

图 2-4

教师：非常棒！也就是说，在图象连续不断的前提下，$f(a)f(b)<0$ 是函数 $y=f(x)$ 在区间 (a,b) 内至少有一个零点的什么条件？

学生齐声回答：充分不必要条件.

教师：由此看来，函数零点存在定理只能判断函数的图象“穿过”x 轴的情形，得到的相应的零点也就是所谓的变号零点.

设计意图　通过对给出的解答的分析，联想到其运用的理论依据——函数零点存在定理. 对定理中“连续不断”“至少”以及充分性的分析，体现了数学思维的严谨性，有利于培养学生的逻辑推理能力.

教师：这位同学的解答正确吗？为什么？

学生：不正确. 一方面，由 $f(-1)f(1)<0$ 只能得到函数在区间 $(-1,1)$ 内至少有一个零点，但并不一定只有一个；另一方面，函数零点存在定理只适用于变号零点的判定.

教师：回到题目中的条件，关键词有函数、区间、恰有一个零点，从哪个入手？

学生：函数. 因为这是一个二次函数，初中就学过.

学生（上一个学生未说完，这个学生就迫不及待地站起来）：不一定是二次函数. 虽然形式上是二次函数,但当 $a=0$ 时,实际上是一次函数.

教师:考虑问题非常细致、严谨!先看 $a=0$ 时,函数在区间 $(-1,1)$ 内是否恰有一个零点?

学生:当 $a=0$ 时,函数变为 $f(x)=4x-1$,其零点也就是相应方程的解,即 $4x-1=0$,$x=\frac{1}{4}\in(-1,1)$,所以 $a=0$ 满足题意.

教师:很好!接下来分析 $a\neq0$ 的情况. 此时,函数是一个二次函数,如何考虑二次函数的零点问题?

学生:看二次函数的图象与 x 轴的公共点个数,可能无公共点,可能只有一个公共点,也可能有两个公共点.

教师:无公共点,怎么解释?

学生:无公共点就说明没有零点,与题意不符.

教师:一个公共点呢?

学生:由判别式 $\Delta=0$,解得 a 的值,再代回原式,得到一个明确的函数,求出相应方程的解(也就是函数的零点),看看是否在区间 $(-1,1)$ 内. 若在,此时的 a 就满足题意;若不在,说明此时的 a 不满足题意.

教师:分析得非常透彻!接下来,如何分析两个公共点?

学生:两个公共点,当然就是两个零点,不符合题意.

学生(另一个):不对!你忽略了区间,如果这两个公共点只有一个在区间 $(-1,1)$ 内,也是满足题意的,如图 2-5 所示. 此时所得零点是变号零点,可用函数零点存在定理得 $f(-1)f(1)<0$,由此解得 a 的取值范围.

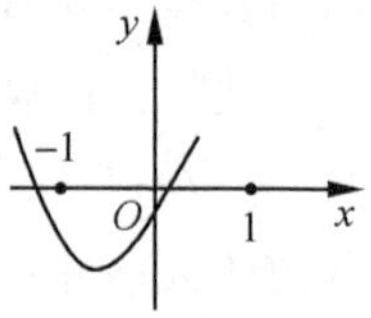

图 2-5

设计意图 以函数的形式为突破口,分为一次函数和二次函数. 对一次函数的分析,利用“函数的零点也即相应方程的实数解”这一结论处理,考查学生的数学运算素养;而对二次函数的分析,利用“函数的零点也即函数的图象与 x 轴的公共点的横坐标”这一结论解决,注重数形结合思想的运用. 本题整体运用了化归与转化的数学思想,巩固了学生的“四基”,提高了学生的“四能”.

教师:由 $f(-1)f(1)<0$ 能够说明函数在区间 $(-1,1)$ 内至少有一个零点,但题意是恰有一个零点,怎么解释?

顿时教室里鸦雀无声. 过了一段时间,有个学生站起来.

学生:二次函数的图象与 x 轴的公共点个数最多就是两个,通过数形结合可以帮助理解. 当 $f(-1)f(1)<0$ 时,只能得到在区间 $(-1,1)$ 内恰有一个零点,不可能有两个. 若有两个,就会得到 $f(-1)f(1)>0$.

教师:解释得非常到位!这就是具体问题具体对待.(教师话锋一转)我们

解完了吗？小组讨论一下.

学生：我们小组在画图的时候，画出了如图 2-6 所示的两种情况.（考虑了开口方向、对称轴与区间的关系）当 $a>0$ 时，对称轴 $x=-\frac{1}{6a}<0$，二次函数的图象与 x 轴的一个交点是 $(-1,0)$，另一个交点在区间 $(-1,1)$ 内，所以有 $f(-1)=0$ 且 $f(1)>0$，解出 a 的范围即可. 当 $a<0$ 时，同样分析.

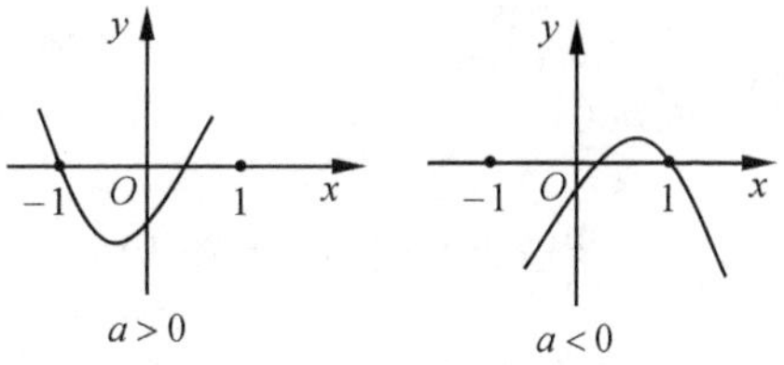

图 2-6

学生：不对！如果按图 2-7 画图，也满足你写的式子，但是在区间 $(-1,1)$ 内没有交点.

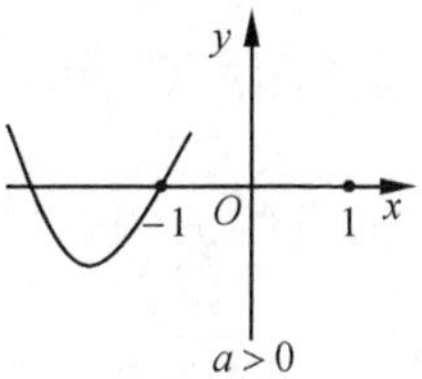

图 2-7

学生齐声说：是呀！

教师：在 $a>0$ 的情况下，到底怎么列式子呢？

学生：只要再加上对称轴 $x=-\frac{1}{6a}\in(-1,0)$ 就可以了.

设计意图　一提到二次函数，往往就在头脑中浮现出其图象——抛物线，依据题意画出的图象可以写出相应的式子. 反之，由式子也可画出对应的图象. 如果画出了不满足题意的图象，说明式子列得不对，这就充分体现了数与形密不可分. 正如数学家华罗庚所说："数缺形时少直观，形少数时难入微，数形结合百般好，隔离分家万事休."

学生（急不可待）：分情况做，太烦琐！无论 $a>0$ 还是 $a<0$，函数图象都经过区间的一个端点，而与 x 轴的另一个交点在区间 $(-1,1)$ 内. 比如，函数图象经过点 $(-1,0)$，将此点代入函数得 $24a-4-1=0$，解得 $a=\frac{5}{24}$，再将 $a=\frac{5}{24}$ 代回原函数可得 $f(x)=5x^2+4x-1$，求出相应方程 $5x^2+4x-1=0$ 的解为 $x=-1$ 或 $x=\frac{1}{5}$，显然 $x=-1\notin(-1,1)$，而 $x=\frac{1}{5}\in(-1,1)$，所以 $a=\frac{5}{24}$ 满足题意. 对于函数图象经过点 $(1,0)$，同样可以得解.（学生鼓掌）

教师：很棒，这样做确实非常简单！谁能将我们分析的过程板书到黑板上？

学生（板书）：

(1) 当 $a=0$ 时，由 $f(x)=4x-1=0$ 得 $x=\frac{1}{4}\in(-1,1)$，故 $a=0$ 满足题意.

(2) 当 $a\neq0$ 时，则由 $\Delta=4^2+4\times24a=0$，解得 $a=-\frac{1}{6}$，代回原式，得 $f(x)=-4x^2+4x-1$，由 $f(x)=0$ 得 $x=\frac{1}{2}\in(-1,1)$，故 $a=-\frac{1}{6}$ 满足题意.

(3) 当 $a\neq 0$ 时，由 $f(-1)f(1)=(24a-5)(24a+3)<0$，解得 $-\frac{1}{8}<a<\frac{5}{24}$，且 $a\neq 0$.

(4) 当 $a\neq 0$ 时，由 $f(-1)=0$ 得 $a=\frac{5}{24}$，所以 $f(x)=5x^2+4x-1=0$，解得 $x=-1$ 或 $x=\frac{1}{5}$，显然 $x=-1\notin(-1,1)$，而 $x=\frac{1}{5}\in(-1,1)$，所以 $a=\frac{5}{24}$ 满足题意；由 $f(1)=0$ 得 $a=-\frac{1}{8}$，所以 $f(x)=-3x^2+4x-1=0$，解得 $x=1$ 或 $x=\frac{1}{3}$，显然 $x=1\notin(-1,1)$，而 $x=\frac{1}{3}\in(-1,1)$，所以 $a=-\frac{1}{8}$ 满足题意.

综上所述，a 的取值范围是 $\left[-\frac{1}{8},\frac{5}{24}\right]\cup\left\{-\frac{1}{6}\right\}$.

设计意图 集体的力量是巨大的！学生观察出图象的特征，抓住了问题的本质，这是直观想象素养的体现；充分借助图象写出满足题意的式子，呈现了以形助数的良好思维习惯；板书解题过程，规范解题步骤，体现出思维的逻辑性和条理性.

五、孪生性习题

“孪生”意指一胎双生，亦用以比喻相同或相似者. 笔者对孪生性习题的定义是含有孪生性概念的习题. 孪生性概念，也就是具有相近、相似或相同的性质、结论等的概念. 数学中有很多这样的概念，如单调递增与单调递减，增函数与减函数，奇函数与偶函数，最大值与最小值，正弦函数、余弦函数与正切函数，等等. 当遇到孪生性习题时，通过孪生性概念替换就变式得到孪生性习题中的另一个. 教师在讲解这类习题时，可以先讲解其中一个，然后让学生运用模仿、类比的方法解答另一个，从而使知识得以迁移，并体会解题过程中思维习惯、分析策略的“异曲同工”之妙.

下面举例说明.

例 1　新教材必修第一册“函数的基本性质”习题 3.2 第 9 题：

设函数 $f(x)$ 的定义域为 I，区间 $D\subseteq I$，记 $\Delta x=x_1-x_2$，$\Delta y=f(x_1)-f(x_2)$. 证明：

(1) 函数 $y=f(x)$ 在区间 D 上单调递增的充要条件是：$\forall x_1, x_2\in D, x_1\neq x_2$，都有 $\dfrac{\Delta y}{\Delta x}>0$；

(2) 函数 $y=f(x)$ 在区间 D 上单调递减的充要条件是：$\forall x_1, x_2\in D, x_1\neq x_2$，都有 $\dfrac{\Delta y}{\Delta x}<0$.

此题有两个问题，出现了孪生性概念：单调递增与单调递减，大于与小于，无须再去变式，是非常典型的孪生性习题. 条件中 Δx，Δy 并不是 Δ 与 x 或 y 相乘，而是一个整体、一个符号，分别叫自变量的增量和因变量的增量，可正可负，不能是零. 这种书写方式也为后面学习极限、导数做好了铺垫.

例 2　新教材必修第一册“函数的基本性质”习题 3.2 第 12 题：

已知函数 $f(x)$ 是偶函数，而且在 $(0,+\infty)$ 上单调递减，判断 $f(x)$ 在 $(-\infty,0)$ 上单调递增还是单调递减，并证明你的判断.

此题是孪生性习题中的一个，可以将条件中“偶函数”替换为“奇函数”，得到孪生性习题“已知函数 $f(x)$ 是奇函数，而且在 $(0,+\infty)$ 上单调递减，判断 $f(x)$ 在 $(-\infty,0)$ 上单调递增还是单调递减，并证明你的判断”. 也可以将条件中“单调递减”替换为“单调递增”，得到孪生性习题“已知函数 $f(x)$ 是偶函数，而且在 $(0,+\infty)$ 上单调递增，判断 $f(x)$ 在 $(-\infty,0)$ 上单调递增还是单调递减，并证明你的判断”. 还可以将条件中“偶函数”与“单调递减”分别替换为“奇函数”与“单调递增”，得到孪生性习题“已知函数 $f(x)$ 是奇函数，而且在 $(0,+\infty)$ 上单调递增，判断 $f(x)$ 在 $(-\infty,0)$ 上单调递增还是单调递减，并证明你的判断”. 由此来看，通过变式得到的孪生性习题并不唯一.

例 3　新教材必修第一册第三章“函数的概念与性质”复习参考题 3 第 9 题：

(1) 已知奇函数 $f(x)$ 在 $[a,b]$ 上单调递减，那么它在 $[-b,-a]$ 上单调递增还是单调递减？

(2) 已知偶函数 $g(x)$ 在 $[a,b]$ 上单调递减，那么它在 $[-b,-a]$ 上单调递增还是单调递减？

此题也是孪生性习题，与例 2 一样，也可派生出其他的孪生性习题. 值得一提的是，只要将例 2 中的区间 $(0,+\infty)$ 与 $(-\infty,0)$ 分别改为 $[a,b]$ 与 $[-b,-a]$，就得到例 3. 因此，可以认为例 3 是例 2 的变式.

下面以例 3(1) 为例展示解题教学过程.

教师：区间 $[a,b]$ 与区间 $[-b,-a]$ 有什么关系？

学生：它们是关于原点对称的区间.

教师：说到奇函数，你脑海中会闪现什么？

学生：奇函数的图象关于原点对称.

教师：奇函数的图象关于原点对称，在 $[a,b]$ 上单调递减，想想在 $[-b,-a]$ 上其单调性会怎样.

学生：当然也单调递减.

教师：你是怎么得到这个结论的？

学生：联想到一个奇函数的图象，如 $y=\dfrac{1}{x}$，在对称的两个区间上，都是单调递减的.

教师：很棒！这位同学是通过想象奇函数的图象，并借助特殊的、具体的函数勾画出奇函数的图象的“影子”，得到：当奇函数在一个区间上单调递减时，则其在对称的区间上也单调递减.

设计意图　函数的奇偶性很好地呈现了函数图象的对称性，奇函数的图象关于原点对称，偶函数的图象关于 y 轴对称. 通过具体函数的对称性，学生能形

成关于原点或关于 y 轴对称的图象的“影像”，既提高了直观想象素养，又增强了抽象概括能力.

教师：除了利用图象的对称性来判断外，还有别的方法吗？

学生：还可以用函数单调性的定义来判断.

教师：谁来表述一下函数单调性的定义？

学生：如果 $\forall x_1, x_2 \in D$，当 $x_1 < x_2$ 时，都有 $f(x_1) < f(x_2)$，那么就称函数 $f(x)$ 在区间 D 上单调递增；如果 $\forall x_1, x_2 \in D$，当 $x_1 < x_2$ 时，都有 $f(x_1) > f(x_2)$，那么就称函数 $f(x)$ 在区间 D 上单调递减.

教师：如何用定义判断 $f(x)$ 在 $[-b, -a]$ 上的单调性？

学生：$\forall x_1, x_2 \in [-b, -a]$，且 $-b \leqslant x_1 < x_2 \leqslant -a$，怎么得到 $f(x_1)$ 与 $f(x_2)$ 的大小，不会了.

这时，教室里鸦雀无声.

教师：既然 $\forall x_1, x_2 \in [-b, -a]$，如何与“已知奇函数 $f(x)$ 在 $[a, b]$ 上单调递减”相联系？

学生：加负号.

教师：具体一点.

学生：$\forall x_1, x_2 \in [-b, -a]$，且 $-b \leqslant x_1 < x_2 \leqslant -a$，所以 $b \geqslant -x_1 > -x_2 \geqslant a$，这样就有 $-x_1, -x_2 \in [a, b]$ 了.（然后，学生愣在那里，不知如何往下进行）

教师（提醒）：由函数 $f(x)$ 在 $[a, b]$ 上单调递减得到什么结论？

学生（继续）：$f(-x_1) < f(-x_2)$.

教师：$f(x)$ 是奇函数，怎么用？

学生：$f(-x_1) = -f(x_1)$，$f(-x_2) = -f(x_2)$，因此，上面的不等式就是 $-f(x_1) < -f(x_2)$，得到 $f(x_1) > f(x_2)$.

教师：能给出结论了吗？

学生：$\forall x_1, x_2 \in [-b, -a]$，且 $-b \leqslant x_1 < x_2 \leqslant -a$，都有 $f(x_1) > f(x_2)$，所以函数 $f(x)$ 在 $[-b, -a]$ 上单调递减.

教师：完美！判断哪个区间上的单调性，就在哪个区间上取值，通过改变自变量的符号，将其转化到已知的单调区间，再由函数的奇偶性即可得到结论.

设计意图　教师通过不断地“牵线搭桥”，启发诱导，使学生步步紧逼最终的目标，这充分体现了“以学生为主体，发挥学生的主动性”的教学理念；在用定义判断函数单调性的过程中，展现了数学思维的严谨性和推理的逻辑性.

教师：两种方法哪个更好呢？

学生：想象图象的方法更好，根据图象的对称性很快就能得出结论，比用定义法快多了.

教师：就本题而言，只要得到一个结论，无须证明，故结合图象对称性的方法更好；如果要求给出证明的，就只能用定义法.

设计意图 虽然两种方法都能解决问题，但是需要跟学生解释清楚——具体问题具体分析. 总体来说，用“形”解决，有助于提升学生的直观想象素养，但思维欠严谨，思路欠条理；用“数”解决，有助于提升学生的数学抽象、逻辑推理素养，但解题步骤烦琐，解题速度要慢很多.

六、实用性习题

实用性习题是指与实际问题相联系的习题，或者说是数学在现实生活中的应用. 其显著的特点是实用性. 新教材中实用性习题非常多，下面举例说明.

例 1　新教材必修第一册“等式性质与不等式性质”习题 2.1 第 9 题：

证明：圆的面积大于与它具有相同周长的正方形的面积. 并据此说明，人们通常把自来水管的横截面制成圆形，而不是正方形的原因.（用料最省问题）

本题就是一道非常实用的习题，生活中有很多现象或实例都可用它来解释. 例如，大多数饮料瓶、果盒的横截面都是圆形，我们常用的喝水的杯子的横截面也是圆形，等等.

例 2　新教材必修第一册“等式性质与不等式性质”习题 2.1 第 10 题：

已知 b g 糖水中含有 a g 糖（$b>a>0$），再添加 m g 糖（$m>0$）（假设全部溶解），糖水变甜了. 请将这一事实表示为一个不等式，并证明这个不等式成立.（生活中的经验问题）

这道题目具有很好的生活背景，是一道实用性习题. 在化学中是溶液的浓度问题，当溶剂不变时，溶质变大，溶液的浓度变大，当然前提是不饱和溶液（溶质全部溶解）. 就此题，当再向糖水中加糖时，糖的浓度变大了，因此糖水变甜了. 由实际问题抽象概括出的不等式是 $\frac{a}{b}<\frac{a+m}{b+m}(b>a>0,m>0)$，可用作差法证明，也可用分析法或综合法证明. 如果用自然语言表述就是“一个真分数的分子、分母同时加上一个正数，其分数值变大”.

例 3　新教材必修第一册第二章“一元二次函数、方程和不等式”复习参考题 2 第 7 题：

一般认为，民用住宅的窗户面积必须小于地板面积，但窗户面积与地板面积的比应不小于 10%，而且这个比值越大，采光效果越好.

(1) 若一所公寓窗户面积与地板面积的总和为 220 m^2，则这所公寓的窗户面积至少为多少平方米？

(2) 若同时增加相同的窗户面积和地板面积，公寓的采光效果是变好了还是变坏了？

此题与例 2 使用同一个不等式模型，具有很好的现实意义. 当我们选择一所房子时，就可用所学的数学知识，算一算采光效果，由此作出一些判断.

例 4 新教材必修第一册"基本不等式"习题 2.2 第 7 题：

一家商店使用一架两臂不等长的天平称黄金. 一位顾客到店里购买 10 g 黄金，售货员先将 5 g 的砝码放在天平左盘中，取出一些黄金放在天平右盘中使天平平衡；再将 5 g 的砝码放在天平右盘中，再取出一些黄金放在天平左盘中使天平平衡；最后将两次称得的黄金交给顾客. 你认为顾客购得的黄金是小于10 g，等于 10 g，还是大于 10 g？为什么？(日常生活问题)

此题提到的天平是机械托盘天平，随着科技的发展，实际生活中已经不常用了，现在常用的是电子秤，但是此题用到的知识还是值得我们思考的. 其一，用两臂不等长的天平秤东西，肯定是不准的，但是仍满足杠杆原理；其二，由杠杆原理得到两次秤法下的黄金质量，分析两次称得的质量之和与 10 g 的大小关系. 步骤如下：设天平的左、右臂长分别为 $a,b(a\neq b)$，左、右盘中的实际黄金分别为 x g，y g，由杠杆原理得 $ax=5b$. 又 $by=5a$，所以 $x=\frac{5b}{a}$，$y=\frac{5a}{b}$，$x+y=\frac{5b}{a}+\frac{5a}{b}\geqslant 2\sqrt{\frac{5b}{a}\times\frac{5a}{b}}=2\sqrt{25}=10$(基本不等式的应用). 由于 $a\neq b$，因此等号取不到，也就是 $x+y>10$，所以顾客购得的黄金大于 10 g.

例 5 新教材必修第一册"对数"习题 4.3 第 9 题：

我们可以把$(1+1\%)^{365}$看作每天的"进步"率都是 1%，一年后是 1.01^{365}；而把$(1-1\%)^{365}$看作每天的"落后"率都是 1%，一年后是 0.99^{365}. 利用计算工具计算并回答下列问题：

(1) 一年后"进步"的是"落后"的多少倍？

(2) 大约经过多少天后"进步"的分别是"落后"的 10 倍、100 倍、1 000 倍？(具有教育意义的问题)

教师在教书育人的过程中，为了激励学生，使用的高频词汇有"日积月累""持之以恒"等，这些更多的是形象的说明、直观的解释. 在数学中，数量化后就是本题所给的式子. 通过计算工具很容易得到如下两个结果：$1.01^{365}\approx 37.783\,4$，$0.99^{365}\approx 0.025\,5$. 虽然每天的"进步"或"落后"都是非常小的，但随着时间的积累，我们发现一年之后，在原来都是 1 的情况下，一种是进步到 37.783 4，一种是退步到 0.025 5，"进步"是"退步"的 $37.783\,4\div 0.025\,5\approx 1\,482$ 倍，多么惊人，多么可怕呀！用数字表示更能引起学生的重视. 这只是一年，如果是一生呢，你敢想象吗？每天看似"进步"或"落后"一点点，但长此以往，会产生很大的变化，千万不要再小看这"一丁点"的进步了.

例 6　新教材必修第一册第二章"一元二次函数、方程和不等式"复习参考题 2 第 10 题：

购买同一种物品，可以用两种不同的策略，第一种是不考虑物品价格的升降，每次购买这种物品的数量一定；第二种是不考虑物品价格的升降，每次购买这种物品所花的钱数一定. 哪种购物方式比较经济？你能把所得结论作一些推广吗？（日常生活问题）

实际生活中类似的例子很常见，同一种物品的价格可能随时变化，怎么选购更合适呢？通过对此题的研究，我们给出一个合理的建议.

下面展示解题教学过程.

教师：同学们，你们遇到过这种情况吗？

学生：遇到过. 上周六，我去水果店买橘子，当时是每斤 3.5 元，买了 2 斤，回来后与舍友一起吃，感觉很好吃. 第二天就又去买，发现涨价了，变成每斤 4 元. 我又买了 2 斤，不知道这样买合算不合算.

教师：谁来帮他分析一下呢？

学生：这个同学总共买了 4 斤，花了 $3.5\times2+4\times2=15$ 元.

教师：怎么分析他买得合不合算？

学生：需要有对比，才好作出判断. 比方说，利用题目中的第二种方法，我也去买，价格还是他说的价格，第一次买了 7 元，第二次又买了 7 元，总共花了 14 元，买了 $7\div3.5+7\div4=3.75$ 斤.

教师：怎么比较？

学生：可以按买相同质量，看哪种花钱少；也可以按花相同的钱，看哪种买得多. 从而判断哪种方式合算.

教师：谁能具体分析一下呢？

学生：因为一个买了 4 斤，一个买了 3.75 斤，不好统一质量，所以我按照都买一斤来比较，也就是平均价格. 第一个同学所买橘子的平均价格是 $15\div4=3.75$ 元，若按第二个同学买橘子的方案得到平均价格是 $14\div3.75=3.7\dot{3}$元，显然第一个同学的买法不合算.

学生：我是按照都花一元钱来比较的. 第一个同学一元钱买 $4\div15=0.2\dot{6}$ 斤，第二个同学一元钱买 $3.75\div14\approx0.267\,9$ 斤，显然在花费一样钱的基础上，第二个同学买得多.

设计意图　通过引入生活中的实例，更能激发学生的探究欲望. 在分析、解决实例的过程中，让学生感受到数学就在我们身边，从而深切体会到数学的实用性.运用两种不同的比较方式,锻炼了学生运用数学知识解决实际问题的能力.

教师:两位同学分析得非常透彻,厉害!比较两位同学的分析过程,你注意到了什么?

学生:交换被除数与除数得到不同的比较方法.

教师:这样看来,两种不同的比较方法实质上是一致的.生活中,我们更习惯于采用哪种比较方法?

学生:平均价格.

教师:从这个问题抽象概括出一般性结论,就是教材给出的题目.与买橘子相联系,谁能分析一下第一种策略?

学生:第一种策略可以仿照第一个同学买橘子来处理,如将"每次买 2 斤橘子"改为"每次购买量都是 m",将"两次购买的橘子的价格分别为 3.5 元、4 元"改为"两次购买的物品的价格分别为 p,q",则两次总的购买量是 $2m$,花的钱数是 $pm+qm$.

教师:谁能说一下第二种策略怎么操作?

学生:第二种策略的两次价格与第一种策略的两次价格一致,分别是 p,q,每次花的钱数都是 n,则两次总的购买量是 $\frac{n}{p}+\frac{n}{q}$,花的钱数是 $2n$.

教师:如何比较呢?

学生:比较两种策略的平均价格即可.第一种策略的平均价格是 $\frac{pm+qm}{2m}=\frac{p+q}{2}$,第二种策略的平均价格是 $\frac{2n}{\frac{n}{p}+\frac{n}{q}}=\frac{2}{\frac{1}{p}+\frac{1}{q}}=\frac{2pq}{p+q}$,这两种策略的平均价格谁大谁小,我看不出来了.

设计意图 将具体问题抽象概括为一般问题,让学生运用类比的思想,把解决买橘子问题的方法应用到处理一般的购物问题,培养学生的数学抽象、逻辑推理素养.

教师:这两种策略的平均价格怎么比较大小呢?谁来帮帮他?

学生:可以通过作差比较,$\frac{pm+qm}{2m}-\frac{2n}{\frac{n}{p}+\frac{n}{q}}=\frac{p+q}{2}-\frac{2pq}{p+q}=\frac{(p+q)^2-4pq}{2(p+q)}=\frac{(p-q)^2}{2(p+q)}\geqslant 0$,这说明第一种策略的平均价格不低于第二种策略的平均价格.当两次购物时的价格相等时,两种策略没有区别;否则,用第二种

策略购物比较合算.

教师：讲得非常棒！由此来看，如果我们两次购买同一种物品，最好按照每次花同样的钱数来购买. 试想，如果多次购买呢？

学生（齐声）：一样！

设计意图　通过作差比较法，学生不仅熟悉了比较两个数大小的常用方法，而且提高了逻辑推理能力，以及分析问题、解决问题的能力.

七、补充式习题

补充式习题是指将新授课中没有讲到的知识点进行补充，或对已有的知识点进行归类、延伸或拓展的习题. 这类题目的结论往往在以后的学习中是可以直接运用的. 有的习题是对知识点的归类，能够帮助学生构建系统的知识体系；有的习题是对知识点的补充，能够为以后的解题提供理论支撑. 因此，对于这类习题，教师要充分发挥学生的主动性，先让学生自己解决，再让他们在小组内交流讨论，最后由教师加以引导、启发、点拨.

下面举例说明.

例 1 新教材必修第一册第二章“一元二次函数、方程和不等式”复习参考题 2 第 8 题：

相等关系和不等关系之间具有对应关系：即只要将一个相等关系的命题中的等号改为不等号就可得到一个相应的不等关系的命题. 请你用类比的方法探索相等关系和不等关系的对应性质，仿照表 2-1 列出尽可能多的有关对应关系的命题；指出所列的对应不等关系的命题是否正确，并说明理由.

表 2-1 对应关系举例

相等关系	不等关系	
相等关系的命题	不等关系的命题	判断正误
(1) 若 $x=y$，则 $x^3=y^3$	(1) 若 $x>y$，则 $x^3>y^3$	正确

相等关系和不等关系前面都讲过，此题把它们进一步归类、延伸并加以类比、整理，在相等关系的基础上，看看不等关系是否还成立，这就是一道补充式习题. 虽没有出现新的知识，但在总结整理的过程中，能够发现相等和不等之间的联系，尤其要注意在判断不等关系的结论时，不可照搬相等关系时的结论. 经过学生的充分讨论，整理部分答案如表 2-2(理由略)：

表 2-2　对应关系

相等关系	不等关系	
相等关系的命题	不等关系的命题	判断正误
(1) 若 $x=y$,则 $x^3=y^3$	(1) 若 $x>y$,则 $x^3>y^3$	正确
(2) 若 $x=y$,则 $x^2=y^2$	(2) 若 $x>y$,则 $x^2>y^2$	不正确
(3) 若 $x=y$,则 $\|x\|=\|y\|$	(3) 若 $x>y$,则 $\|x\|>\|y\|$	不正确
(4) 若 $a=b$,则 $a+c=b+c$	(4) 若 $a>b$,则 $a+c>b+c$	正确
(5) 若 $a=b$,则 $ac=bc$	(5) 若 $a>b$,则 $ac>bc$	不正确
(6) 若 $ac=bc(c\neq0)$,则 $a=b$	(6) 若 $ac>bc(c\neq0)$,则 $a>b$	不正确
(7) 若 $a=b,b=c$,则 $a=c$	(7) 若 $a>b,b>c$,则 $a>c$	正确
(8) 若 $a=b,c=d$,则 $a+c=b+d$	(8) 若 $a>b,c>d$,则 $a+c>b+d$	正确
(9) 若 $a=b,c=d$,则 $ac=bd$	(9) 若 $a>b,c>d$,则 $ac>bd$	不正确

例 2　新教材必修第一册“函数的基本性质”习题 3.2 第 13 题：

我们知道,函数 $y=f(x)$ 的图象关于坐标原点成中心对称图形的充要条件是函数 $y=f(x)$ 为奇函数,有同学发现可以将其推广为:函数 $y=f(x)$ 的图象关于点 $P(a,b)$ 成中心对称图形的充要条件是函数 $y=f(x+a)-b$ 为奇函数.

(1) 求函数 $f(x)=x^3-3x^2$ 图象的对称中心;

(2) 类比上述推广结论,写出“函数 $y=f(x)$ 的图象关于 y 轴成轴对称图形的充要条件是函数 $y=f(x)$ 为偶函数”的一个推广结论.

本题是对函数奇偶性的拓展、延伸,由奇、偶函数图象的对称性,推广到函数图象的中心对称和轴对称问题,是比较典型的补充式习题.

不理解条件中推广的结论,并不妨碍解题,但是仍会有一些学生纠结于这个结论是怎么来的,以及结论对不对.因此,教师有必要给学生作出解释.

一种方法是根据对称性直接证明.

证明:设 $g(x)=f(x+a)-b$.

(必要性)因为函数 $y=f(x)$ 的图象关于点 $P(a,b)$ 成中心对称图形,所以其图象上任意一点 (x_0,y_0) 关于点 $P(a,b)$ 对称的点为 $(2a-x_0,2b-y_0)$ 也在函数图象上,也即满足 $y_0=f(x_0)$ 和 $2b-y_0=f(2a-x_0)$,所以 $2b-f(x_0)=f(2a-x_0)$,用 $a-x_0$ 代替 x_0 得 $2b-f(a-x_0)=f(a+x_0)$,整理得 $f(-x_0+a)-b=-[f(x_0+a)-b]$,即 $g(-x_0)=-g(x_0)$,所以 $g(x)=f(x+a)-b$ 为奇函数.

(充分性)因为 $g(x)=f(x+a)-b$ 为奇函数,所以 $g(-x)=-g(x)$,即 $f(-x+a)-b=-f(x+a)+b$,整理得 $f(-x+a)+f(x+a)=2b$,用 $a-x$ 代

替 x 得 $f(x)+f(2a-x)=2b$，在函数 $y=f(x)$ 的图象上任取一点 (x_0,y_0)，它关于点 $P(a,b)$ 对称的点为 $(2a-x_0,2b-y_0)$，现在只需判断这个点在不在函数 $y=f(x)$ 的图象上，即分析 $f(2a-x_0)$ 是不是等于 $2b-y_0$. 由 $f(x)+f(2a-x)=2b$ 得 $f(2a-x)=2b-f(x)$，所以 $f(2a-x_0)=2b-f(x_0)$. 又因为 $y_0=f(x_0)$，所以 $f(2a-x_0)=2b-y_0$，即点 $(2a-x_0,2b-y_0)$ 在函数 $y=f(x)$ 的图象上，故函数 $y=f(x)$ 的图象关于点 $P(a,b)$ 成中心对称图形.

另一种方法是由图象平移解释.

为了便于解释，不妨设 $a>0,b>0$，因为函数 $y=f(x)$ 的图象关于点 $P(a,b)$ 成中心对称图形，若将函数 $y=f(x)$ 的图象向左平移 a 个单位长度得到函数 $y=f(x+a)$ 的图象，且此时的函数图象关于点 $(0,b)$ 成中心对称图形，再将函数 $y=f(x+a)$ 的图象向下平移 b 个单位长度得到函数 $y=f(x+a)-b$ 的图象，且此时的函数图象关于点 $(0,0)$ 成中心对称图形，所以函数 $y=f(x+a)-b$ 为奇函数. 反之，同理可得.

学生自主解答(1)的过程如下：

设函数 $f(x)=x^3-3x^2$ 图象的对称中心为 (a,b)，由推广的结论可得 $y=f(x+a)-b$，即 $y=(x+a)^3-3(x+a)^2-b$ 为奇函数，所以 $(-x+a)^3-3(-x+a)^2-b=-(x+a)^3+3(x+a)^2+b$. 因为是对任意的实数 x 都成立，所以两边展开、移项整理得 $(6a-6)x^2+2a^3-6a^2-2b=0$，因此 $6a-6=0$ 且 $2a^3-6a^2-2b=0$，解得 $a=1,b=-2$. 所以函数 $f(x)=x^3-3x^2$ 图象的对称中心为 $(1,-2)$.

有了前面对推广结论的解释，学生通过类比很快写出(2)的答案“函数 $y=f(x)$ 的图象关于直线 $x=a$ 成轴对称图形的充要条件是函数 $y=f(x+a)$ 为偶函数”.

例 3 新教材必修第二册“平面向量的应用”习题 6.4 第 17 题：

证明：设三角形的外接圆的半径是 R，则 $a=2R\sin A,b=2R\sin B,c=2R\sin C$.

本题既是对正弦定理证明方法的补充，也是对正弦定理的一个补充，故此题为较典型的补充式习题. 由结论变形得 $\dfrac{a}{\sin A}=\dfrac{b}{\sin B}=\dfrac{c}{\sin C}=2R$，学生须记住该结论并会熟练应用.

教师可以与学生一起证明当三角形为直角三角形时的结论，再让学生自己证明当三角形为锐角三角形和钝角三角形时的结论.

例 4 新教材必修第一册“三角函数的图象与性质”习题 5.4 第 19 题：

容易知道，正弦函数 $y=\sin x$ 是奇函数，正弦函数关于原点对称，即原点是正弦函数的对称中心. 除原点外，正弦曲线还有其他对称中心吗？如果有，那么对称中心的坐标是什么？另外，正弦曲线是轴对称图形吗？如果是，那么对称轴的方程是什么？你能用已经学过的正弦函数的性质解释上述现象吗？对余弦函数和正切函数，讨论上述同样的问题.

解题过程如下：

教师：请同学们用“五点法”作出正弦函数和余弦函数的简图，并依据周期性再画出一个或两个周期内的图象；通过我们总结的“三点两线法”$\left(三点\left(-\frac{\pi}{4},-1\right),(0,0),\left(\frac{\pi}{4},1\right)，两线\ x=\pm\frac{\pi}{2}\right)$作出正切函数的简图，并依据周期性再画出一个或两个周期内的图象.（稍等）正弦函数图象也叫正弦曲线，通过观察你画的正弦函数的图象，谁能说一下，除原点外，它还有其他对称中心吗？如果有，那么对称中心的坐标是什么？

学生：不但有，而且有好多，如$(-2\pi,0)$，$(-\pi,0)$，$(\pi,0)$，$(2\pi,0)$，等等.

教师：这个同学说得很好！但是总觉得意犹未尽或表述不够简练.回想一下，通过图象得出函数的单调区间时，如单调递增区间，我们是怎么做的？

学生：就写了一个.在一个周期内找到一个完整的单调递增区间，再加上整数倍的周期就得到所有的单调递增区间.

教师：仿照这个同学所说的，谁能把正弦曲线的对称中心表述得更简练一些？

学生：$(2k\pi,0)$，$k\in\mathbf{Z}$.

学生（另一个）：不对！他说的对称中心不包含$(-\pi,0)$，$(\pi,0)$等，应该是$(k\pi,0)$，$k\in\mathbf{Z}$.

教师：为什么是$(k\pi,0)$，$k\in\mathbf{Z}$？

这个学生接着回答：因为相邻的两个对称中心相差π，而$(0,0)$是它的一个对称中心，所以横坐标加上整数倍的π就得到所有的对称中心.

教师：解释得非常到位！需要同学们注意的是，不是加整数倍的周期，而是加整数倍的半个周期.

设计意图　先让学生画图，进一步帮助学生直观形象地认识、掌握三角函数的图象，以达到“以形助数”的效果.充分发挥学生的主动性，听取学生的不同想法，在知识与知识的碰撞中、在疑惑与疑惑的交流中，使学生的认识越来越清楚、理解越来越深刻.通过对对称中心的学习，既使学生强化了数形结合的思想方法，又为后续学习对称提供了范例.

教师：再观察你画的正弦函数的图象，它是轴对称图形吗？如果是，请写出对称轴的方程.

思考片刻后，学生异口同声地说：是，对称轴方程是 $x=\frac{\pi}{2}+k\pi, k\in\mathbf{Z}$.

教师：谁来说明一下？

学生：我先找到一条对称轴方程 $x=\frac{\pi}{2}$，仿照对称中心的写法，加上整数倍的半个周期，就得到 $x=\frac{\pi}{2}+k\pi, k\in\mathbf{Z}$.

设计意图 进一步增强学生的直观想象能力. 由图形得到性质是研究函数的一个基本“套路”，只要会画图、能识图，就可以知道性质、理解性质，减轻学生的记忆负担.

教师：很好！同学们接受能力非常强！还记得学习新课时，余弦曲线是怎么得到的吗？

学生：由正弦曲线向左平移 $\frac{\pi}{2}$ 个单位长度得到.

教师：谁能说一下余弦曲线的对称中心和对称轴方程？并说明是如何得到的？

学生：对称中心是 $\left(k\pi-\frac{\pi}{2}, 0\right), k\in\mathbf{Z}$，对称轴方程是 $x=k\pi, k\in\mathbf{Z}$. 我是由正弦曲线向左平移 $\frac{\pi}{2}$ 个单位长度得到余弦曲线的，相应的对称性也向左平移 $\frac{\pi}{2}$ 个单位长度，即对称中心的横坐标减 $\frac{\pi}{2}$，对称轴方程减 $\frac{\pi}{2}$.

学生（另一个学生接着）：对称中心是 $\left(k\pi+\frac{\pi}{2}, 0\right), k\in\mathbf{Z}$，对称轴方程是 $x=k\pi, k\in\mathbf{Z}$. 我是由画出的余弦函数图象得到的，类比正弦曲线的对称性，先找到一个对称中心和一条对称轴方程，然后对称中心的横坐标和对称轴方程分别加上整数倍的半个周期.

教师：这两位同学解释得非常好！（还没来得及说完，又有个学生站起来）

学生：他们两个说的对称轴方程一样，怎么对称中心不一样呢？是不是有个是错的？

教师还没说话.

学生（另一个）：都没有错！形式不一样，实质一样. 上新课时，老师说过余弦函数的单调递增区间可以写成 $[-\pi+2k\pi, 2k\pi], k\in\mathbf{Z}$，也可以写成 $[\pi+2k\pi, 2\pi+2k\pi], k\in\mathbf{Z}$，就看你把谁作为起始的区间. 这里也一样，如果把 $\left(-\frac{\pi}{2}, 0\right)$ 作为起始的对称中心，就写出了 $\left(k\pi-\frac{\pi}{2}, 0\right), k\in\mathbf{Z}$ 的形式；如果把 $\left(\frac{\pi}{2}, 0\right)$ 作为起

始的对称中心，就写出了$\left(k\pi+\frac{\pi}{2},0\right)$，$k\in\mathbf{Z}$的形式.

教师：说得非常棒！这是由图形直观得到的. 也可以通过式子得到，如将$\left(k\pi+\frac{\pi}{2},0\right)$中的$k$用$k-1$代替，就得到了$\left(k\pi-\frac{\pi}{2},0\right)$，因为$k\in\mathbf{Z}$，所以$k-1\in\mathbf{Z}$.

设计意图　充分发挥学生的主动性，得到对称中心的两种不同表示形式，由此引起学生的疑惑. 在释疑的过程中，体现学生对已有性质的理解和研究方法的灵活应用，这就是“学以致用”. 利用两种不同的方法解释，展示数与形的相互印证，体现了知识之间的内在联系.

教师：通过观察你们画的正切函数的图象，谁能说一下它的对称中心和对称轴方程？

学生：对称中心是$(k\pi,0)$，$k\in\mathbf{Z}$，对称轴方程是$x=\frac{\pi}{2}+k\pi$，$k\in\mathbf{Z}$.

学生(另一个)：对称轴方程表述不对！不妨取$x=\frac{\pi}{2}$，若图象关于它对称，则图象沿这条线对折后应该重合，但显然不是.

教师：除了由图象看出没有对称轴外，谁还能说明一下，为什么没有？

学生：由正切函数的单调性也可以说明. 因为正切函数在每一个区间$\left(-\frac{\pi}{2}+k\pi,\frac{\pi}{2}+k\pi\right)$，$k\in\mathbf{Z}$上都单调递增，如果有对称轴的话，就必须有减区间，而正切函数只有增区间，所以正切函数没有对称轴.

教师：逻辑性非常强！对称轴的问题解决了，关于对称中心还有补充的吗？

让学生交流讨论.

学生：我们小组得到的是$\left(\frac{k\pi}{2},0\right)$，$k\in\mathbf{Z}$. 仿照正弦函数、余弦函数对称中心的写法，先找出一个起始的对称中心$(0,0)$，然后横坐标加上整数倍的半个周期(正切函数的周期是π)就得到了. 但是我们有个疑问，有些对称中心不在曲线上，不知对不对？

教师：是不是对称中心一定在曲线上？

学生：不一定，比如说圆，圆心是圆的对称中心，但不在圆上.

教师：是的. 曲线的对称中心不一定在曲线上，正切曲线的部分对称中心(渐近线与x轴的交点)确实不在曲线上. 因此，最终正切曲线的对称中心是$\left(\frac{k\pi}{2},0\right)$，$k\in\mathbf{Z}$.

设计意图 正切曲线与正弦曲线、余弦曲线有很大的差别，正弦曲线、余弦曲线都是“波浪起伏”的连续光滑曲线，而正切曲线是被一系列渐近线所隔开的无穷多支“上升”的曲线. 在观察图象得到性质的过程中，学生对对称性的认识不断深入，既培养了学生“四基”，也提升了学生的“四能”.

第三篇

旁白篇

在新教材的必修第一册和第二册中有很多旁白，就如电影中的“配角”一样，对新教材中的“主角”——正文起到辅助作用. 有的教师只注重“主角”，认为抓好了“主角”，就万事大吉，旁白这一“配角”无关紧要，往往对它熟视无睹. 事实上，旁白是对相关主体知识的补充说明或启发延伸，能为学生提供及时、恰当的提示，具有画龙点睛的作用.

为了体现旁白的应有价值，并引起教师和学生的关注与重视，笔者对其做了详实的分析和研究. 旁白可分为解释性旁白、提问性旁白、总结性旁白、启发性旁白、补充性旁白、定义性旁白、介绍性旁白.

一、解释性旁白

对某些知识(包括概念、定理、图象、性质、解法等)作出解释说明的旁白称为解释性旁白.此类旁白能很好地帮助学生理解教材内容,澄清命题的是非曲直,理顺知识的来龙去脉.

下面举例说明.

新教材必修第一册“集合的基本运算”中例1的旁白“在求两个集合的并集时,它们的公共元素在并集中只能出现一次.如元素5,8”.值得注意的是,两个集合的并集仍是一个集合,故旁白的解释与集合中元素的特征之一——互异性一致.

新教材必修第一册“充分条件与必要条件”中的旁白“此时,如果q不成立,则p一定不成立.所以,q对于p成立而言是必要的.请举例说明”.这是解释“当$p \Rightarrow q$时,为什么称q是p的必要条件”.其中蕴含的逻辑关系是:在$p \Rightarrow q$的前提下,当q不成立时,p一定不成立.否则,假设p成立,由前提可知,q一定成立,与q不成立矛盾.这表明q是p成立必不可少的条件.实质上,旁白给出了旧教材上四种命题中的逆否命题,它与原命题是等价命题,即真假性相同,用符号表示就是“$p \Rightarrow q$”$\Leftrightarrow$“$\neg q \Rightarrow \neg p$”.让学生列举一些例子,进一步体会必要条件的含义.

新教材必修第一册“函数的表示法”中例7的旁白“为了更容易看出一个同学的学习情况,我们将表示每位同学成绩的函数图象(离散的点)用虚线连接”.旁白给出的解释,可从以下几个方面理解:一是每位同学成绩的函数图象都是离散的点,并不是连续的;二是虚线不是函数图象的组成部分,因而不能画成实线;三是连接虚线的目的是体现图象的整体性,看出每位同学成绩的发展变化情况.又如,“函数模型的应用”中例5的旁白“函数图象是分析问题的好帮手,为了便于观察,用虚线连接离散的点”.此旁白与上面的旁白所表达的意思相同.这两个旁白给我们的启示是:函数图象是分析问题的好帮手,在解决某些实际问题时,为了便于寻找各个量之间的关系或寻求各个量的发展变化规律,借助函数图象可直观形象地展现出来,发现其中的关系或规律,真正体现用图象来“说话”,用图象来“表达”,这是用数学解决问题的一种重要的方式.

新教材必修第一册“用二分法求方程的近似解”中的旁白“大多数方程都不能像一元二次方程那样用公式求出精确解. 在实际问题中,往往只需求出满足一定精确度的近似解”“为了刻画与准确值的接近程度,这里给出了精确度 ε,由 $|a-b|<\varepsilon$ 可知,区间$[a,b]$中任意一个值都是零点 x_0 满足精确度 ε 的近似值(想一想,为什么)”. 这两个旁白都与方程的近似解(或零点的近似值)有关. 第一个旁白指出有很多方程得不到精确解,这与学生的认知是有冲突的. 在学习本节之前,学生接触到的方程(有解的话)都能得到精确解,现在出现方程得不到精确解的问题(知道确实有解),怎么办? 答案就是求近似解. 如何求方程的近似解呢? 由函数零点与相应方程解的关系,我们可以通过分析函数零点来解决. 利用二分法能够求某些函数零点的近似值(必须是变号零点),且教材给出了一般步骤. 第二个旁白就是对一般步骤进行的解释说明. 一方面,这里的精确度直观理解就是零点所在区间的长度,给出精确度是为了“适可而止”,否则,就会“无穷无尽”地“二分”下去,只要零点所在区间的长度恰好小于精确度就可停止;另一方面,由于“精确”零点在区间(a,b)内的具体位置不定,可能靠近 a,也可能靠近 b,还可能靠近中点,因此零点的近似值可以取区间$[a,b]$内任何一个值. 教学时,有的学生提出疑惑:已经知道 $f(a)$和 $f(b)$都不等于 0,怎么还能将 a 或 b 作为零点的近似值呢? 教师点拨:“精确”零点有可能非常接近 a 或非常接近 b,如果取一个比 a 大一点的数值或取一个比 b 小一点的数值,就有可能距离“精确”零点“更远”,如此看来,取 a 或 b 更接近“精确”零点. 因此,在“精确”零点不确定和给定的精确度下,取闭区间$[a,b]$内任意一个值都是等价的.

新教材必修第一册“任意角”中的旁白“为了简单起见,在不引起混淆的前提下,‘角 α’或‘$\angle\alpha$’可以简记成‘α’”. 通过此解释性旁白,学生能明白:初中学习“角”时,在字母前面写上“角”或“$\angle$”,才是一个角;现在为了书写简便,可以省略“角”或“$\angle$”,前提是不能引起混淆. 如 $\sin\angle\alpha$ 简记为 $\sin\alpha$,$\tan\angle A$ 简记为 $\tan A$. 然而,$\sin\angle 1$ 中的“$\angle$”不能省略,如果略去,$\sin 1$ 就成为 1 弧度的正弦值. 还有 $\cos\angle ABC$ 中的“$\angle$”也不能省略,如果略去,就不知道是什么意思.

“任意角”中的旁白“在直角坐标系中,角的终边绕原点旋转 360°后回到原来的位置. 因此,在直角坐标系中讨论角可以很好地表现角的‘周而复始’的变化规律”. 此旁白解释了为什么在直角坐标系中研究角,角的“周而复始”引起三角函数值重复出现,进而体现周期现象. 与之相呼应的旁白是“三角函数的概念”中“由公式一可知,三角函数值有‘周而复始’的变化规律,即角 α 的终边每绕原点旋转一周，函数值将重复出现”.

新教材必修第一册“两角和与差的正弦、余弦和正切公式”中的旁白“这里的‘倍角’专指‘二倍角’，遇到‘三倍角’等名词时，‘三’字等不可省去”，“‘倍’是描述两个数量之间关系的，2α 是 α 的二倍，4α 是 2α 的二倍，$\frac{\alpha}{2}$ 是 $\frac{\alpha}{4}$ 的二倍，这里蕴含着换元思想”. 上面两个旁白解释的是“倍”的含义. 第一个旁白指出“倍角”是“二倍角”的意思，这样看来，“倍角公式”就是“二倍角公式”；第二个旁白提到的“倍”也是“二倍”的意思，只不过是相对数量之间的“二倍”关系，最容易理解的是，2α 是 α 的二倍. 除了旁白中的二倍关系外，教师要引导学生进一步列举一些满足二倍关系的量，如 $\frac{\alpha}{4}$ 是 $\frac{\alpha}{8}$ 的二倍，8α 是 4α 的二倍，等等.

新教材必修第二册“向量的数量积”中的旁白“$\boldsymbol{a}\cdot\boldsymbol{a}$ 常常记作 $\boldsymbol{a}^2$”. 因为正文中有 $\boldsymbol{a}\cdot\boldsymbol{a}=|\boldsymbol{a}|^2$，所以得到 $\boldsymbol{a}^2=|\boldsymbol{a}|^2$. 然而，学生很可能将此旁白进行拓展，认为 $\boldsymbol{a}\cdot\boldsymbol{a}\cdot\boldsymbol{a}=\boldsymbol{a}^3$. 事实上，$\boldsymbol{a}\cdot\boldsymbol{a}\cdot\boldsymbol{a}$ 的书写形式不正确，原因是 $(\boldsymbol{a}\cdot\boldsymbol{b})\cdot\boldsymbol{c}\neq\boldsymbol{a}\cdot(\boldsymbol{b}\cdot\boldsymbol{c})$（注意 $\boldsymbol{a}\cdot\boldsymbol{b}$，$\boldsymbol{b}\cdot\boldsymbol{c}$ 都是实数，因此不等式左侧是与向量 $\boldsymbol{c}$ 共线的向量，右侧是与向量 $\boldsymbol{a}$ 共线的向量，故 $(\boldsymbol{a}\cdot\boldsymbol{b})\cdot\boldsymbol{c}\neq\boldsymbol{a}\cdot(\boldsymbol{b}\cdot\boldsymbol{c})$），这表明向量的数量积不满足乘法结合律，因此 $(\boldsymbol{a}\cdot\boldsymbol{b})\cdot\boldsymbol{c}$ 不能去括号写成 $\boldsymbol{a}\cdot\boldsymbol{b}\cdot\boldsymbol{c}$ 的形式，故 $\boldsymbol{a}\cdot\boldsymbol{a}\cdot\boldsymbol{a}=\boldsymbol{a}^3$ 是不对的.

新教材必修第二册“事件的相互独立性”中的旁白“我们知道，如果三个事件 A,B,C 两两互斥，那么概率加法公式 $P(A_1\cup A_2\cup A_3)=P(A_1)+P(A_2)+P(A_3)$ 成立. 但当三个事件 A,B,C 两两独立时，等式 $P(ABC)=P(A)P(B)P(C)$ 一般不成立”. 此解释性旁白最好改正一下，因为给出的是 A,B,C 三个事件两两互斥，所以概率加法公式应为 $P(A\cup B\cup C)=P(A)+P(B)+P(C)$. 至于 A,B,C 两两独立时，等式 $P(ABC)=P(A)P(B)P(C)$ 一般不成立，可以用课后练习题第 2 题来说明. 第 2 题：设样本空间 $\Omega=\{a,b,c,d\}$ 含有等可能的样本点，且 $A=\{a,b\}$，$B=\{a,c\}$，$C=\{a,d\}$. 请验证 A,B,C 三个事件两两独立，但 $P(ABC)\neq P(A)P(B)P(C)$. 解析：由题意得 $AB=\{a\}$，$AC=\{a\}$，$BC=\{a\}$，故 $P(AB)=\frac{n(AB)}{n(\Omega)}=\frac{1}{4}$，$P(AC)=\frac{n(AC)}{n(\Omega)}=\frac{1}{4}$，$P(BC)=\frac{n(BC)}{n(\Omega)}=\frac{1}{4}$. 又因为 $P(A)=P(B)=P(C)=\frac{2}{4}=\frac{1}{2}$，所以 $P(AB)=P(A)P(B)$，$P(AC)=P(A)P(C)$，$P(BC)=P(B)P(C)$，因此 A,B,C 三个事件两两独立. 然而，$ABC=\{a\}$，故 $P(ABC)=\frac{n(ABC)}{n(\Omega)}=\frac{1}{4}$. 又因为 $P(A)P(B)P(C)=\frac{1}{8}$，所以 $P(ABC)\neq P(A)P(B)P(C)$.

上面列举了部分解释性旁白，都是对教材正文知识的解释说明. 作为教师，一定要联系教材正文，适当地做进一步解释. 如果教师只是让学生自己看一下或了解一下，就很难发挥出解释性旁白的应有价值.

二、提问性旁白

对某些知识或解题策略提出疑问，以引起学生思考或探究的旁白称为提问性旁白.

下面举例说明.

新教材必修第一册“集合的概念”中的旁白“你能用这样的方法表示偶数集吗”. 这是在详细讲解完奇数集的基础上进行的提问. 教学时可以作为对学生的一次检验，让学生自己仿照奇数集的分析策略来解决这个问题.

新教材必修第一册“集合间的基本关系”中的旁白“与实数中的结论‘若 $a\geqslant b$，且 $b\geqslant a$，则 $a=b$’相类比，你有什么体会”. 其目的是启发学生通过类比数之间的大小或相等关系，理解并记忆集合间的包含或相等关系. 类比是学好数学的一个重要的思维方法. 在学习新知识时，类比已经学过的某些知识，有利于学生快速掌握新知识.

新教材必修第一册“等式性质与不等式性质”中的旁白“你能写出其他的可能情况吗”. 这种提问形式隐含着让我们写出其他情况. 教材正文中只写了“$a+b>c$，$a-b<c$”两个不等式，事实上，三角形中任意两边之和大于第三边，任意两边之差小于第三边，因此，“和”还可以写“$a+c>b$ 或 $b+c>a$”，“差”还可以写“$a-c<b$，$b-c<a$，$b-a<c$，$c-a<b$ 或 $c-b<a$”，其中“差”可以简记为 $|a-b|<c$，$|a-c|<b$ 或 $|c-b|<a$.

新教材必修第一册“函数的表示法”中例 4 的旁白“函数图象既可以是连续的曲线，也可以是直线、折线、离散的点等，那么判断一个图形是不是函数图象的依据是什么”. 对此提问，学生会不知所措，教师要做恰当的提示：函数图象是函数的一种表示方法，理应满足函数的定义. 通过提示，学生作出如下解答：函数定义中“集合 A 中任意一个数 x”表现在图象上就是“x 轴上任取一个点”；“按照某种确定的对应关系 f”表现在图象上就是“直角坐标系中的‘图’”；“在集合 B 中都有唯一确定的数 y 和它对应”表现在图象上就是“过 x 轴上已取的点，作 x 轴的垂线，垂线与图形的交点的纵坐标只有一个”，由此得到结论“判断一个图形是函数图象的依据是作 x 轴的垂线，此垂线与图形只有一个交点”. 教师点评：x 轴上任取的一个点，在定义域内吗？若是，所作垂线与图形只有一个交点；若不是，自然就没有交点. 因此准确结论为：判断一个图形是函数图象的依据是作 x 轴的垂线，此垂线与图形至多有一个交点.

“函数的表示法”中例 6 的旁白“你能用其他方法求出 $M(x)$ 的解析式吗”. 教材正文给出的是数形结合的方法，通过构造方程(组)，解出各段的分界点，结合图象得到解析式——分段函数形式. 至于其他方法，如果仍看教材正文的解析过程，思维就会被禁锢，教师要提醒学生“回头看”，看最初的问题，问题中有“$\forall x\in \mathbf{R}$，用 $M(x)$ 表示 $f(x)$，$g(x)$ 中的最大者，记作 $M(x)=\max\{f(x),g(x)\}$”. 学生的分析过程：要使 $M(x)$ 是 $f(x)$ 与 $g(x)$ 中的最大者，需要比较 $f(x)$ 与 $g(x)$ 的大小，大者即为 $M(x)$，当它们大小相同时，两者都可作为 $M(x)$. 因此将 $f(x)$ 与 $g(x)$ 的差跟 0 比较，当 $f(x)-g(x)\geqslant 0$，即 $f(x)\geqslant g(x)$ 时，$M(x)=f(x)$；当 $f(x)-g(x)<0$，即 $f(x)<g(x)$ 时，$M(x)=g(x)$. 所以 $M(x)=\begin{cases} f(x), f(x)\geqslant g(x), \\ g(x), f(x)<g(x). \end{cases}$ 要为学生的分析过程点赞，因为学生给出了解决此类题目的一个模式. 分析过程自始至终没有出现具体的式子，套上本题的式子，就能解出本题；式子一换，又是另一道题. 当然，教师需要指出，分段的范围(无论是 $f(x)\geqslant g(x)$，还是 $f(x)<g(x)$)要解出具体 x 的取值.

新教材必修第一册“函数的基本性质”中的旁白“你能说明为什么 $f(x_1)>f(x_2)$ 吗”. 此旁白针对“函数 $f(x)=x^2$，任意 $x_1,x_2\in(-\infty,0]$，当 $x_1<x_2$ 时，有 $f(x_1)>f(x_2)$”提出，通过图象能够直观地得到结论，但不够严谨. 数学上，往往先由图象找出解决问题的方向或结果，再通过严格的推理加以证明. 下面是教师与学生的互动过程：

教师：谁能说明一下？

学生：令 $x_1=-2$，$x_2=-1$，因为 $-2<-1$，有 $(-2)^2>(-1)^2$，所以 $f(x_1)>f(x_2)$.

教师：两个具体数能代表任意 x_1,x_2 吗？

学生：不能！必须说明的是，对不大于 0 的任意 $x_1<x_2$，都有 $x_1^2>x_2^2$.

教师：怎么说明？

学生：这是不等式问题，我想到了不等式的性质“如果 $a>b>0$，那么 $a^n>b^n$ $(n\in\mathbf{N},n\geqslant 2)$”，但是上面是 $x_1<x_2\leqslant 0$，不知怎么办了.

另一学生：可以加绝对值. 因为 $x_1<x_2\leqslant 0$，所以 $|x_1|>|x_2|\geqslant 0$，由性质可得 $|x_1|^2>|x_2|^2$，即 $x_1^2>x_2^2$，所以 $f(x_1)>f(x_2)$.

教师：很好！还有别的说明方法吗？

学生：比较两个数的大小，我想到的是作差法，$x_1^2-x_2^2=(x_1+x_2)(x_1-x_2)$，因为 $x_1<x_2\leqslant 0$，所以 $x_1+x_2<0$ 且 $x_1-x_2<0$，因此 $x_1^2-x_2^2>0$，即 $x_1^2>x_2^2$.

教师：解释得非常详细！实质上，已经给出证明函数单调性的关键一步——作差变形.

教师提醒学生，有时还可以通过作商法比较大小. 让学生自己解释接下来的旁白"你能说明为什么 $f(x_1)<f(x_2)$ 吗"（针对"函数 $f(x)=x^2$，任意 $x_1,x_2\in[0,+\infty)$，当 $x_1<x_2$ 时，有 $f(x_1)<f(x_2)$"而提出的）.

新教材必修第一册"正弦函数、余弦函数的图象"中的旁白"你能说明理由吗". 这是针对教材正文"$y=\sin\left(x+\frac{\pi}{2}\right)$，$x\in\mathbf{R}$ 的图象可以通过正弦函数 $y=\sin x$，$x\in\mathbf{R}$的图象向左平移$\frac{\pi}{2}$个单位长度而得到"设计的旁白. 因为学生在初中学习二次函数时，接触过图象的平移. 进入高中，在学习指数函数、对数函数的图象后也直观感受过平移，学生已经非常熟悉平移变换的口诀"左加右减，上加下减"，所以对正文中的图象变换可谓轻车熟路. 然而，对为什么这样变换，学生就可能无法解释. 教学时，教师要引导学生发现图象平移的原因，即若点 $A(x_0,y_0)$在函数 $y=\sin x$ 的图象上，则点 $B\left(x_0-\frac{\pi}{2},y_0\right)$一定在函数 $y=\sin\left(x+\frac{\pi}{2}\right)$的图象上. 这说明函数 $y=\sin\left(x+\frac{\pi}{2}\right)$的图象上的每一个点都可以看作是由函数$y=\sin x$的图象上相应的点向左平移$\frac{\pi}{2}$个单位长度得到的.

新教材必修第二册"向量的数量积"中的旁白"如果 $\boldsymbol{a}\cdot\boldsymbol{b}=0$，是否有 $\boldsymbol{a}=\mathbf{0}$，或$\boldsymbol{b}=\mathbf{0}$". 刚学习数量积，学生往往会把实数中的某些运算性质生搬硬套地挪到数量积中. 因为实数中"如果 $a\cdot b=0$，那么 $a=0$ 或 $b=0$"，这是一个真命题. 实际上，其逆命题也是一个真命题. 但是，在向量中，如果 $\boldsymbol{a}\cdot\boldsymbol{b}=0$，就会有多种可能. 当 $\boldsymbol{a},\boldsymbol{b}$ 是两个非零向量时，由数量积的定义得 $\boldsymbol{a}\cdot\boldsymbol{b}=|\boldsymbol{a}||\boldsymbol{b}|\cos\langle\boldsymbol{a},\boldsymbol{b}\rangle=0$，也即 $\cos\langle\boldsymbol{a},\boldsymbol{b}\rangle=0$，所以$\langle\boldsymbol{a},\boldsymbol{b}\rangle=\frac{\pi}{2}$；当 $\boldsymbol{a},\boldsymbol{b}$ 至少有一个为 $\mathbf{0}$ 时，由规定：零向量与任一向量的数量积为 0，知 $\boldsymbol{a}\cdot\boldsymbol{b}=0$，由此可以得到 $\boldsymbol{a}=\mathbf{0}$ 或 $\boldsymbol{b}=\mathbf{0}$. 综上，由 $\boldsymbol{a}\cdot\boldsymbol{b}=0$ 可以推出$\langle\boldsymbol{a},\boldsymbol{b}\rangle=\frac{\pi}{2}$，$\boldsymbol{a}=\mathbf{0}$ 或 $\boldsymbol{b}=\mathbf{0}$，故对旁白的回答是"否". 如果将旁白中的条件与结论换一下，即"如果 $\boldsymbol{a}=\mathbf{0}$ 或 $\boldsymbol{b}=\mathbf{0}$，是否有 $\boldsymbol{a}\cdot\boldsymbol{b}=0$"，那么回答是

“是”. 由此旁白进一步提醒学生，实数中的运算性质不能照搬到向量中，如果想用，就必须在向量中得到验证.

新教材必修第二册“直线与平面垂直”中例 3 的旁白“你能用直线与平面垂直的定义证明这个结论吗”，此提问性旁白不仅要求回答“能”还是“不能”，还要求分析如何证明. 题目是已知：$a /\!/ b$，$a \perp \alpha$，求证 $b \perp \alpha$. 分析：在平面 α 内任取一条直线 c，因为 $a \perp \alpha$，所以 $a \perp c$. 又因为 $a /\!/ b$，所以 $b \perp c$，即 b 垂直于平面 α 内任意一条直线，故 $b \perp \alpha$.

新教材必修第二册“总体离散程度的估计”中的旁白“想一想，为什么用‘平均距离’刻画离散程度，用‘总距离’行吗”. 每个数据到平均数的距离相加得到总距离，除以数据个数就是平均距离. 分析：若平均距离小，说明这组数据“整体”离平均数不会太远，相反，说明这组数据“整体”离平均数会比较远. 故平均距离可以刻画离散程度. 至于总距离，有好多学生认为也可以. 在此，教师要给出点拨：我们往往需要比较两组或更多组数据的离散程度，当每组数据的个数相同时，用总距离刻画离散程度是可以的；当每组数据的个数不同时，显然不能用总距离刻画它们的离散程度.

以上是对提问性旁白的举例说明，大部分教师重视此种旁白，但有时为了节省时间，会以教师的讲解代替学生的思考、探究、讨论，这样上课的效果可能会大打折扣. 教师一定要充分利用提问性旁白，让学生全身心地参与其中，从而培养学生的数学思维能力，提高学生的数学核心素养.

三、总结性旁白

对某些知识、题型或方法进行概括总结的旁白称为总结性旁白．此类旁白往往是一种结论性的旁白，大多是对例题解题思想方法的总结，在以后的学习中，可以用来探究、分析和解决问题．

下面举例说明．

新教材必修第一册“充分条件与必要条件”中例 1 中的第(4)题和第(6)题的旁白“举反例是判断一个命题是假命题的重要方法”；“全称量词与存在量词”中例 1 的旁白“这个方法就是‘举反例’”．这两个旁白都说的是“举反例”．通过例子总结出“举反例”，并指出它是判断一个命题是假命题的重要方法．例如，判断全称量词命题“$\forall x \in M, p(x)$”是假命题，只要在集合 M 中找到一个元素 x_0，使 $p(x_0)$ 不成立，那么这个全称量词命题就是假命题．教师可以通过一些实例进行说明，让学生在以后的学习中能够灵活运用“举反例”的方法．

新教材必修第一册“等式性质与不等式性质”中例 1 的旁白“0 是正数与负数的分界点，它为实数比较大小提供了‘标杆’”．此旁白是对例 1 解题方法的总结，要比较两个实数的大小，可以转化为比较它们的差与 0 的大小，即作差法比较大小．

新教材必修第一册“二次函数与一元二次方程、不等式”中例 3 的旁白“对于二次项系数是负数(即 $a<0$)的不等式，可以先把二次项系数化成正数，再求解”．此总结性旁白给出了一种化归的思想．求解一元二次不等式，通常希望二次项系数为正数，若是负数，两边同乘 -1 或者移项，使系数变为正数，相应的二次函数图象也就只有一种情况——开口向上．

新教材必修第一册“单调性与最大(小)值”中例 1 的旁白“在初中，我们利用函数图象得到了上述结论，这里用严格的推理运算得到了函数 $f(x)=kx+b$ 的单调性”．图象是一种直观形象，注重定性的描述，随着学习的深入，我们将更加注重定量的刻画，因而需要严格的推理．本节的课后练习第 4 题的旁白进一步阐明了数与形的关系——“通过观察图象，先对函数是否具有某种性质作出猜想，然后通过逻辑推理，证明这种猜想的正确性，是研究函数性质的一种常用方法”. 本题的出题意图就是数形结合地解决问题，先直观猜测再严谨推理，帮助学生建立数学思维的一种模式.

新教材必修第一册“正弦函数、余弦函数的性质”中的旁白“对于周期函数，如果把握了它的一个周期内的情况，那么也就把握了整个函数的情况”. 此总结性旁白为我们研究周期函数提供了一个方向.

新教材必修第二册“平面向量基本定理”中例 2 的旁白“向量的数量积是否为零，是判断相应的两条线段（或直线）是否垂直的重要方法之一”. 此旁白指出判断线线垂直的一种方法——向量法，即通过构造出两个向量，验证数量积为零.

新教材必修第二册“平面”中的旁白“不共线的三点，一条直线和这条直线外一点，两条相交直线，两条平行直线，都能唯一确定一个平面. 这些结论在后续研究直线和平面之间平行、垂直关系时，也会经常用到”. 对于此旁白，教师要给学生指出三点：其一，基本事实 1 和三个推论都是用来判断共面的，必须熟练掌握；其二，在研究一些位置关系时，往往会遇到判断共面的情况；其三，初中学过的平面几何中的一些定理，在空间中不一定成立，若想用，必须先判断是否共面.

新教材必修第二册“空间点、直线、平面之间的位置关系”中例 2 的旁白“例 2 告诉我们一种判断异面直线的方法：与一个平面相交的直线和这个平面内不经过交点的直线是异面直线”. 此总结性旁白中指出的方法叫异面直线的判定定理，在后续的学习中是可以运用的. 两条异面直线，单纯地依靠直观想象有时很难看出它们的位置关系，若用异面直线的判定定理来判断，往往能迎刃而解.

新教材必修第二册“直线与平面平行”中的旁白“定理告诉我们，可以通过直线间的平行，得到直线与平面平行. 这是处理空间位置关系的一种常用方法，即将直线与平面的平行关系（空间问题）转化为直线间的平行关系（平面问题）”；例 2 的旁白“今后要证明一条直线与一个平面平行，只要在这个平面内找出一条与此直线平行的直线就可以了”. 这两个旁白给出了处理空间位置关系的一种常用方法——空间问题平面化. 直线与平面的平行（空间位置关系）可以转化为直线与直线的平行（平面位置关系），也就是通过线线平行得到线面平行. 同时第二个旁白指出此种方法的要点——在这个平面内找出一条与此直线平行的直线，提醒我们以后运用此法时应该怎么做.

以上是对总结性旁白的举例说明. 教师在处理此类旁白时，要给学生作出恰当的解释，提高学生的认识水平，强化学生的应用意识，帮助学生构建处理问题的一种方法或模式，并在后续的学习中熟练运用.

四、启发性旁白

针对某些数学知识，通过启发诱导、类比分析，让学生给出与教材正文类似的解决方案，或让学生按照要求去做即可，这样的旁白称为启发性旁白. 此类旁白通常以“请你”开始，即使没有，也可在前面添上，如旁白“说一说 $\omega=3,\omega=\frac{1}{3}$ 时的情况”可以改为“请你说一说 $\omega=3,\omega=\frac{1}{3}$ 时的情况”. 启发性旁白中的“启发”有“使人思考”“让人去做”的意思，相比于提问性旁白，其对思维的要求低一些.

下面举例说明.

新教材必修第一册“集合间的基本关系”中的旁白“请你举出几个具有包含关系、相等关系的集合实例”. 无论是包含关系还是相等关系，其概念是通过实例引出的，这样的启发，无非是让学生“依葫芦画瓢”，难度不大.

新教材必修第一册“奇偶性”中的旁白“请你仿照这个过程，说明函数 $g(x)=2-|x|$ 也是偶函数”“请你仿照这个过程，说明函数 $g(x)=\frac{1}{x}$ 也是奇函数”. 通过提示性语言，启发学生思考，“仿照”就是“类比”的意思，类比教材分析的过程，解决给出的问题.

新教材必修第一册“对数的概念”中的旁白“通过查询互联网，进一步了解无理数 e、常用对数和自然对数”. 很明显，此启发性旁白是让学生课后去操作完成，其目的是开拓学生的视野，加深学生对新概念的理解，培养学生学习数学的兴趣，提高学生对数学文化的认识. 这时教师要大胆放手，相信并鼓励学生：只要去搜集，就会有意想不到的收获.

新教材必修第一册“诱导公式”中的旁白“请你类比公式二，证明公式三和公式四”. 更准确地说，应该是“请你类比公式二的证明过程，证明公式三和公式四”. 教师与学生一起证完公式二后，对于公式三和公式四的证明，教师要大胆放手，让学生自主解决. 下面展示学生对公式三的证明：设 $P_3(x_3,y_3)$，因为 P_3

与 P_1 关于 x 轴对称，且 $P_1(x_1,y_1)$，所以 $x_3=x_1$，$y_3=-y_1$，以 OP_3 为终边的角为 $-\alpha$. 由三角函数的定义，得 $\sin\alpha=y_1$，$\cos\alpha=x_1$，$\tan\alpha=\frac{y_1}{x_1}$；$\sin(-\alpha)=y_3$，$\cos(-\alpha)=x_3$，$\tan(-\alpha)=\frac{y_3}{x_3}$. 从而得到 $\sin(-\alpha)=-\sin\alpha$，$\cos(-\alpha)=\cos\alpha$，$\tan(-\alpha)=-\tan\alpha$. 教师点评：以 OP_3 为终边的角与 $-\alpha$ 是终边相同的角，因为诱导公式一给出了终边相同的角的同一三角函数的值相等，所以只要探究 $-\alpha$ 与 α 的三角函数值之间的关系即可.

新教材必修第一册"函数 $y=A\sin(\omega x+\varphi)$ 的图象"中的旁白"分别说一说旋转 $-\frac{\pi}{6}$，$\frac{\pi}{3}$，$-\frac{\pi}{3}$ 时的情况". 类比教材正文，学生对旋转 $-\frac{\pi}{6}$，即 $\varphi=-\frac{\pi}{6}$ 时的情况陈述如下：设单位圆上两点 $Q_0(\varphi=0)$ 和 $Q_1\left(\varphi=-\frac{\pi}{6}\right)$，在单位圆上，两个动点分别以 Q_0，Q_1 为起点同时开始运动，如果以 Q_0 为起点的动点到达圆周上点 P 的时间为 x s，那么以 Q_1 为起点的动点相继到达点 P 的时间是 $\left(x+\frac{\pi}{6}\right)$ s. 在函数图象上就是，如果 $F(x,y)$ 是函数 $y=\sin x$ 图象上的一点，那么 $G\left(x+\frac{\pi}{6},y\right)$ 就是函数 $y=\sin\left(x-\frac{\pi}{6}\right)$ 图象上的点. 即把正弦曲线 $y=\sin x$ 上的所有点向右平移 $\frac{\pi}{6}$ 个单位长度，就得到 $y=\sin\left(x-\frac{\pi}{6}\right)$ 的图象. 教师点评：在由正弦函数图象得到余弦函数图象时，简单解释了平移变换的原因，在此，通过 φ 的实际意义，指出了平移变换的本质.

新教材必修第一册"三角函数的应用"中问题 1 的旁白"请你查阅资料，了解振子的运动原理"；问题 2 的旁白"请你查阅资料，了解交变电流的产生原理". 这两个旁白旨在拓展学生的知识面，培养学生的学习兴趣. 实际上，无论是振子的运动原理还是交变电流的产生原理都与物理有着紧密的联系，因为它们都有周期性变化规律，所以它们的数学模型是三角函数模型.

新教材必修第二册"直线与平面垂直"中，针对例 6 解答中"由棱台的上、下底面平行，可以证明棱台的上、下底面相似"的旁白"请你自己证明这个结论". 下面展示学生的证明过程：设棱台 $A'B'C'D'$-$ABCD$ 的各侧棱延长后交于一点 P，上底面是 $A'B'C'D'$，因为底面 $A'B'C'D'$ // 底面 $ABCD$，且平面 $PAB\cap$ 底面 $A'B'C'D'=A'B'$，平面 $PAB\cap$ 底面 $ABCD=AB$，所以 $A'B'$ // AB（由面面平行的性质定理得）. 进而得到 $\frac{PB'}{PB}=\frac{A'B'}{AB}=\frac{PA'}{PA}$. 同理，可得 $\frac{PB'}{PB}=\frac{B'C'}{BC}=$

$\frac{PC'}{PC}$，$\frac{PD'}{PD}=\frac{A'D'}{AD}=\frac{PA'}{PA}$，$\frac{PC'}{PC}=\frac{C'D'}{CD}=\frac{PD'}{PD}$. 因此，$\frac{A'B'}{AB}=\frac{B'C'}{BC}=\frac{C'D'}{CD}=\frac{A'D'}{AD}$，所以底面 $A'B'C'D'$ 与底面 $ABCD$ 相似. 教师点评：这是以四棱台为例来证明，事实上，每个棱台的上、下底面都是相似的. 在后续的学习或解题中，这个结论可以直接运用.

以上列举了部分启发性旁白. 教师要依据不同的启发形式，对学生提出不同的要求. 例如，对于“仿照……”或“类比……”的形式，要让学生仿照或类比相应部分去做，而不是敷衍了事，要知道“数学是做出来的”；对于“说一说……”或“说明……”的形式，要让尽可能多的学生说一下自己的做法或想法，一定要让他们参与进来，而不是置身其外，要知道“课堂的主人始终是学生”；对于“证明……”的形式，要让学生自己证明一下，而不是教师代替学生证明，要知道“学生分析能力的提高来自亲身的体验”；对于“查询……”或“查阅……”的形式，要让学生尽可能地查一下，这种搜集资料或查找问题的方法对他们今后的学习很有帮助.

五、补充性旁白

对某些数学概念或问题的处理策略进行拓展或补充说明的旁白称为补充性旁白.这样的旁白,在句子中通常会出现“也(用)”“还(有)”“可以”“进一步”等词语,意思就是:除了教材中给出的知识或方法外,还有其他的,在此补充说明.

下面举例说明.

新教材必修第一册“集合的概念”中的旁白“有时也用冒号或分号代替竖线,写成$\{x\in A: P(x)\}$或$\{x\in A; P(x)\}$”.实际上,见得最多的是教材正文中的写法$\{x\in A \mid P(x)\}$,但也不排除在一些文章或参考资料中用旁白中的书写形式.通过旁白加以补充说明,学生能了解用描述法表示集合的多种形式.

新教材必修第一册“全称量词与存在量词”中的旁白“常见的全称量词还有‘一切’‘每一个’‘任给’等”“常见的存在量词还有‘有些’‘有一个’‘对某些’‘有的’等”.意思是,除了定义中给出的几个全称量词或存在量词外,又补充了一些.用“等”表示还有其他的,一般情况下,从题目中是可以读出来的.

新教材必修第一册“函数的概念”中例3的旁白“也可以利用信息技术画出例3中四个函数的图象,根据图象进行判断”.例3用定义法判断它们为同一个函数,即定义域相同,且对应关系完全一致的两个函数是同一个函数.旁白补充了另一种方法——图象法,即画出四个函数的图象,看哪个图象与函数$y=x$的图象完全一样,就得到哪个函数与函数$y=x$是同一个函数.

新教材必修第一册“诱导公式”中的旁白“角$\pi+\alpha$还可以看作是角α的终边按逆时针方向旋转角π得到的”.由于圆是中心对称图形,且圆心正好在坐标原点,所以旁白的补充说明与正文中关于原点对称的理解是一致的;旋转更易得到角的终边的关系,而对称更易得到终边与单位圆交点的坐标之间的关系.

新教材必修第一册“正弦函数、余弦函数的性质”中关于正弦函数、余弦函数的最小正周期的旁白“证明从略.同学们可以从函数图象上观察出这一结论.今后本书中所涉及的周期,如果不加特别说明,一般都是指函数的最小正周期”. 此补充性旁白说明了三个方面的内容：一是正弦函数、余弦函数的最小正周期是 2π，不再证明；二是可以通过函数图象直观地得到它们的最小正周期；三是新教材中所涉及的周期一般都是最小正周期. 由此可以得到最小正周期的推理证明是不做要求的，只要能通过图象看出即可. 怎么看出来呢？这需要教师点拨，以正弦函数为例，一方面，可以观察正弦曲线，能够发现图象每间隔 2π 个单位长度就会重复出现；另一方面，可以通过图象变换得到，将正弦曲线向左或向右平移整数倍的 2π 个单位长度，与原图重合.

新教材必修第一册“两角和与差的正弦、余弦和正切公式”中的旁白“这里用到的是加法和减法的联系，也可用换元的观点来考虑：由于公式 $C_{(\alpha-\beta)}$ 对于任意 α，β 都成立，那么把其中的 β 换成 $-\beta$ 后，也一定成立. 由此也可推得公式 $C_{(\alpha+\beta)}$”. 此补充性旁白给出了一种证明两角和的余弦公式的方法——换元法. 下面展示学生的证明过程：将 $\cos(\alpha-\beta)=\cos\alpha\cos\beta+\sin\alpha\sin\beta$ 中的 β 换成 $-\beta$，得 $\cos(\alpha+\beta)=\cos\alpha\cos(-\beta)+\sin\alpha\sin(-\beta)=\cos\alpha\cos\beta-\sin\alpha\sin\beta$.

新教材必修第二册“总体取值规律的估计”中的旁白“数据分组可以是等距的，也可以是不等距的，要根据数据的特点而定. 有时为了方便，往往按等距分组，或者除了第一和最后的两段，其他各段按等距分组”. 教材正文给出的是等距分组（最常用的），为了等距，往往第一个区间的左端点值小于数据的最小值，最后一个区间的右端点值大于数据的最大值. 除此之外，补充说明有的分组是不等距的；还有的中间部分等距，而两端的两段不与中间部分等距.

新教材必修第二册“频率的稳定性”中例 1 的旁白“要得到生男孩和生女孩是否等可能的科学判断，还需要用统计学中假设检验的方法进行检验”. 通过补充性旁白，提醒我们由大数定律怀疑“生男孩和生女孩是等可能”这一结论. 该结论终归还是由频率估计概率所得，自然可能存在误差，若要得到科学判断，就用假设检验的方法.

补充性旁白，教材中出现得并不多，主要原因是重点知识或方法教材正文中已经呈现，无须进行补充. 这类旁白往往是让学生拓展一下知识面或多了解一些方法等. 对于这类旁白，教师要区别对待，有的点到为止即可，有的需要解释说明，有的需要学生自己做，还有的需要学生理解并掌握. 为了更好地把握使用补充性旁白的“度”，教师一方面要认真研究教材，体会教材的意图，另一方面要加强集体教研，相信集体的智慧，博采众家之长，提高个人数学素养.

六、定义性旁白

对教材正文中没有出现的定义或公式进行解释说明的旁白称为定义性旁白.

下面举例说明.

新教材必修第一册“全称量词与存在量词”中例 1 的旁白“如果一个大于 1 的整数,除 1 和自身外无其他正因数,则称这个正整数为素数”. 素数是之前没有学过的概念,题目中出现了,因此,在这里给出定义加以说明. 教师要进一步向学生指出,素数即质数(初中学过质数),且补充孪生性的概念——合数:如果一个大于 1 的整数,除 1 和自身外还有其他正因数,则称这个正整数为合数.

新教材必修第一册“二次函数与一元二次方程、不等式”中例 5 的旁白“刹车距离是指汽车刹车后由于惯性往前滑行的距离”,这是与物理知识有关的一个概念.

新教材必修第一册“函数的表示法”中例 8 的旁白“‘综合所得’包括工资、薪金、劳务报酬、稿酬、特许权使用费;‘专项扣除’包括居民个人按照国家规定的范围和标准缴纳的基本养老保险、基本医疗保险、失业保险等社会保险费和住房公积金等;‘专项附加扣除’包括子女教育、继续教育、大病医疗、住房贷款利息或者住房租金、赡养老人等支出;‘其他扣除’是指除上述基本减除费用、专项扣除、专项附加扣除之外,由国务院决定以扣除方式减少纳税的优惠政策规定的费用”. 该旁白让学生知道依法纳税是每个公民应尽的义务,并粗略了解个税中各部分所包含的内容.

新教材必修第一册“指数函数”习题 4.2 第 8 题的旁白“复利是一种计算利息的方法,即把前一期的利息和本金加在一起算作本金,再计算下一期的利息. 我国现行定期储蓄中的自动转存业务就是类似复利计算的储蓄”. 复利俗称“利滚利”或“驴打滚”,更直白地说,就是利息也生利息. 与之相对应的一个概念是单利,单利是本金不变的一种计息方法. 下面通过实例让学生加以理解. 例如,本金为 a 元,每期利率为 r,本利和为 y 元,存期数为 x,试分别按照单利和复利

写出 y 关于 x 的函数解析式. 单利计息时，一期本利和为 $y=a+ar$，二期本利和为 $y=a+ar+ar=a+2ar$，…，x 期本利和为 $y=a+xar$；复利计息时，一期本利和为 $y=a+ar$，二期本利和为 $y=a+ar+(a+ar)r=(a+ar)(1+r)=a(1+r)^2$，…，$x$ 期本利和为 $y=a(1+r)^x$. 由此可以看出，单利计息得到的函数是一次函数，其增长是一种线性增长，即匀速增长；复利计息得到的是指数型函数，其增长是一种指数增长，即爆炸性增长.

新教材必修第一册“用二分法求方程的近似解”中的旁白“一般地，称 $x=\frac{a+b}{2}$ 为区间 (a,b) 的中点”. 此公式可以直接运用. 学生易错的地方是将区间的中点写成 $\frac{b-a}{2}$. 事实上，$b-a$ 是区间长度，$\frac{b-a}{2}$ 是区间长度的一半，而 $a+\frac{b-a}{2}=\frac{a+b}{2}$ 正好是区间的中点.

新教材必修第一册“两角和与差的正弦、余弦和正切公式”中的旁白“任意一个圆绕着其圆心旋转任意角后都与原来的圆重合，这一性质叫做圆的旋转对称性”“平面上任意两点 $P_1(x_1,y_1)$，$P_2(x_2,y_2)$ 间的距离公式 $P_1P_2=\sqrt{(x_2-x_1)^2+(y_2-y_1)^2}$”. 无论是圆的旋转对称性还是两点间的距离公式，学生都应熟练掌握.

新教材必修第一册“简单的三角恒等变换”中例 7 的旁白“例 7 的结果还可以表示为：$\sin\frac{\alpha}{2}=\pm\sqrt{\frac{1-\cos\alpha}{2}}$，$\cos\frac{\alpha}{2}=\pm\sqrt{\frac{1+\cos\alpha}{2}}$，$\tan\frac{\alpha}{2}=\pm\sqrt{\frac{1-\cos\alpha}{1+\cos\alpha}}$，并称之为半角公式，符号由 $\frac{\alpha}{2}$ 所在象限决定”. 半角公式是由倍角公式得到的，为了减轻学生的记忆负担，不要求记忆.

新教材必修第二册“平面向量数乘运算的坐标表示”中例 9 的旁白“若点 P_1，P_2 的坐标分别为 (x_1,y_1)，(x_2,y_2)，线段 P_1P_2 的中点 P 的坐标为 (x,y)，则 $\begin{cases}x=\frac{x_1+x_2}{2},\\ y=\frac{y_1+y_2}{2}.\end{cases}$ 此公式为线段 P_1P_2 的中点坐标公式”. 该公式要求学生记住并会运用.

新教材必修第二册“平面向量的应用”习题 6.4 第 2 题的旁白“垂心是三角形三条高所在直线的交点”. 通过此旁白，进一步让学生知道三角形中的“四心”：垂心、重心、外心、内心. 旁白中给出的是垂心，记忆的技巧是垂心里有“垂”字，与垂直有关，高就是与边垂直的，因此，高所在直线的交点就是垂心；重心是三角形各边中线的交点；三角形外接圆的圆心，因为有个“外”字，所以称为外心，也是三角形三边的垂直平分线的交点；三角形内切圆的圆心，因为有个“内”字，所以称为内心，也是三角形三个内角平分线的交点. 当三角形是等边三角形时，“四心”合一.

新教材必修第二册“随机模拟”中的旁白“随机数与伪随机数　例如我们要产生0～9之间的随机整数，像彩票摇奖那样，把 10 个质地和大小相同的号码球放入摇奖器中，充分搅拌后摇出一个球，这个球上的号码就称为随机数. 计算器或计算机产生的随机数是按照确定的算法产生的数，具有周期性(周期很长)，它们具有类似随机数的性质. 因此，计算器或计算机产生的随机数不是真正的随机数，我们称它们为伪随机数”. 须给学生指明的是，计算器或计算机产生的随机数虽然为伪随机数，但是用它们得到随机数，既快捷又方便，既省时又省力，尤其是当需要的随机数较多时.

以上所列就是数学必修教材中所有定义性旁白，可能是一些概念，也可能是一些公式，因为教材正文中没有给出定义，故通过旁白作出说明. 有些需要学生记住并会运用，有些只要了解即可. 对于这类旁白，教师一般不需要过度拓展，但要作出说明(是否应记住).

七、介绍性旁白

对某些概念生成或结论发生的背景进行简单介绍的旁白称为介绍性旁白.一般会从是谁创建或发明、什么时间、具有怎样的意义或应用等方面加以介绍.

下面举例说明.

新教材必修第一册“函数的概念”中的旁白“18 世纪，德国数学家莱布尼茨第一次将‘function’一词作为专门的数学术语；19 世纪，李善兰首次将 function 翻译成‘函数’”.很显然，“函数”的产生与发展过程是非常漫长的，是几代数学家呕心沥血、勇于探索、不断完善的结果.旁白给出了两个具有里程碑意义的事件：一是起名字，由莱布尼茨第一次用 function；二是我国首次使用“函数”，是李善兰翻译的.

新教材必修第一册“弧度制”中的旁白“公元 6 世纪，印度人在制作正弦表时，曾用同一单位度量半径和圆周，孕育着最早的弧度制概念.欧拉是明确提出弧度制思想的数学家.1748 年，在他的一部划时代著作《无穷小分析概论》中，提出把圆的半径作为弧长的度量单位，使一个圆周角等于 2π 弧度，1 弧度等于周角的$\frac{1}{2\pi}$.这一思想将线段与弧的度量统一起来，大大简化了三角公式及计算”.此旁白给出了弧度制最早的雏形和欧拉提出弧度制思想，其思想实质是将线段与弧的度量统一起来，为分析三角函数提供了极大的方便(自变量与因变量都在实数集中).

新教材必修第二册“数系的扩充和复数的概念”中的旁白“i 是数学家欧拉(Leonhard Euler，1707—1783)最早引入的，它取自 imaginary(想象的，假想的)一词的词头.$i^2=i\cdot i$”.作为数学教师，如果仅仅解释虚数单位 i 来自英文单词 imaginary，就失去了旁白的教育意义.怎么利用好这一旁白呢？教师应向学生讲述关于欧拉的数学史实.欧拉是数学史上最多产的数学家之一，写了大量的、不朽的经典著作，是很多数学分支的奠基人、创始人或某些重要公式的发现者，被誉为“数学界的莎士比亚”.欧拉恒等式 $e^{\pi i}+1=0$，就是其中最著名、最完美的公式之一.欧拉恒等式将我们学到的两个重要的、有名的无理数 π 和 e 包含其中，又有虚数单位 i 和自然数的单位 1，以及被称为人类伟大发现之一的数 0，看似无关的 5 个数学符号，被这个公式紧密地联系起来，其美妙之处让人称绝. 欧拉恒等式不愧是数学家们称颂的“上帝创造的公式”.

新教材必修第二册“复数的几何意义”中的旁白“在本书的第六章，我们提到复数的这种几何表示是由韦塞尔在 1797 年提出的. 后来，阿尔冈出书对此进行讨论，并得到高斯的认同，因此这种几何表示也称阿尔冈图(Argand diagram). 正是这种直观的几何表示，揭开了复数的神秘的、不可思议的‘面纱’，确立了复数在数学中的地位”. 通过对复数几何表示的发展历程的简单介绍，让同学们体会数学“新知识”的出现，往往经过“千锤百炼”，更要经受历史的考验，是许多数学家不懈努力的结果.

新教材必修第二册“古典概型”中针对“$P(A)=\frac{k}{n}=\frac{n(A)}{n(\Omega)}$”的旁白“法国数学家拉普拉斯(P. -S. Laplace，1749—1827)在 1812 年把该式作为概率的一般定义，现在我们称它为概率的古典定义”. 拉普拉斯被公认为概率论的奠基人之一，他在《分析概率论》的引言中写道：“归根到底，概率论只不过是把常识化成计算而已. ”他虽家境贫寒，但非常勤奋好学，通过自己的不断努力，在多个领域都有建树，发表著作无数，有许多数学的方法以他的名字命名.

新教材必修第二册“频率的稳定性”中的旁白“雅各布第一·伯努利(Jakob I Bernoulli，1654—1705)瑞士数学家，被公认为概率理论的先驱，他给出了著名的大数定律. 大数定律阐述了随着试验次数的增加，频率稳定在概率附近”. 雅各布第一·伯努利对数学有着浓厚的兴趣，几乎达到了无师自通的地步，由此来看，兴趣是最好的老师. 教师趁机启发学生：带着兴趣学习，可以激发自身的内驱力，主动获取知识要比被教师“灌输”“填鸭”“逼着学”强一千倍. 至于大数定律，通俗地说，是在试验不变的条件下，重复试验多次，随机事件的频率近似于它的概率. 其中蕴含着无穷极限的思想和偶然中包含着必然的规律. 随后，教师布置一项课后作业：请同学们查阅相关资料，了解赌博和大数定律的关系. 该作业旨在让学生了解赌徒的侥幸心理永远胜不了大数定律，这就是为什么“十赌九输”，因此我们应远离赌博.

对于介绍性旁白，教师可以课上进行简单的说明，不可长篇大论以防影响正常的教学进度，也可以布置课后作业，让学生去查阅相关的资料，这些相关的资料可能是重要人物的成长、成就等，也可能是重要概念或结论的发展历程或应用等. 由此看来，介绍性旁白多与数学史有关，教师要充分运用它的教育意义，通过教师的介绍或学生的查阅，让学生了解数学产生和发展的艰难历程，体会数学对人类文明发展的推动作用，加深对数学的理解，感受数学家的严谨态度和锲而不舍的探索精神，从而培养学生学习数学的兴趣，提高学生应用数学的意识，强化学生掌握数学的信念.

第四篇

高考篇

对高考试题的研究,一直以来都是一个热门的课题. 作为一名数学教师,笔者通过分析近几年的高考试题,对某些题目有一些个人的见解,特作高考篇. 本篇包括:(1) 对难度大或复杂的试题进行合理、灵活的转化;(2) 通过对一道解析几何试题的分析形成的一系列思考;(3) 对一道过定点问题的系列探究形成的美丽图形,展现数学的魅力;(4) 由一道解三角形试题感受运算的无穷力量.

一、转化让疑难问题迎刃而解

纵观近几年的高考数学试题，凡是学生感觉难度大或复杂的问题，往往是因为他们不能理解题意或不能进行有效的转化. 以素养为导向的高考命题方式重视对学科思想、规律的考查. 教师要引导学生将疑难问题进行合理、灵活的转化，形成数学的思维模式. 这就要求一线教师在高三数学复习过程中不能就题论题，以题讲题，而应就题论法，以题讲法，真正让学生掌握解题方法.

下面以 2020 年高考中的几道试题为例，用转化的思想方法，为学生开启智慧之窗，打开困惑之门.

※ 空间问题平面化

立体几何虽然刻画的是现实生活中的三维空间，但学生更熟悉的是在二维平面中考虑问题，因此可以考虑将空间问题转化为平面问题来解决. 比如，通过空间几何体的展开图、空间角的定义、空间几何体间的交线或截面等来帮助解题.

理论基础

球面被一平面所截，截得的交线是一个圆.

例 1（山东卷第 16 题）　已知直四棱柱 $ABCD\text{-}A_1B_1C_1D_1$ 的棱长均为 2，$\angle BAD=60^\circ$. 以 D_1 为球心、$\sqrt{5}$为半径的球面与侧面 BCC_1B_1 的交线长为________.

学生困惑　想在直四棱柱中画出球，但不知道位置关系；想象不出球面和侧面的交线.

教师解惑　遇到关于球的问题，大多数情况下不用画出球，而是考虑它的截面. 本题就是一个截面问题，无须考虑画球问题，只不过球面不是被一个平面所截，而是被一个侧面是正方形的面所截，这时截得的图形是圆或一段圆弧. 此时，空间几何问题就转化为平面几何问题，只需在平面中解决此题.

思路分析　如图 4-1，设 E 为 B_1C_1 的中点，易得 $D_1E=\sqrt{3}$，$D_1E\perp$ 侧面

BCC_1B_1. 由于球的半径是$\sqrt{5}$，可得侧面 BCC_1B_1 与球面的交线上任意一点 P 到 E 的距离为$\sqrt{2}$，点 P 的轨迹构成一段圆弧 FG. 因此，问题转化为在侧面 BCC_1B_1 内，求以 E 为圆心、$\sqrt{2}$为半径的一段圆弧的长.

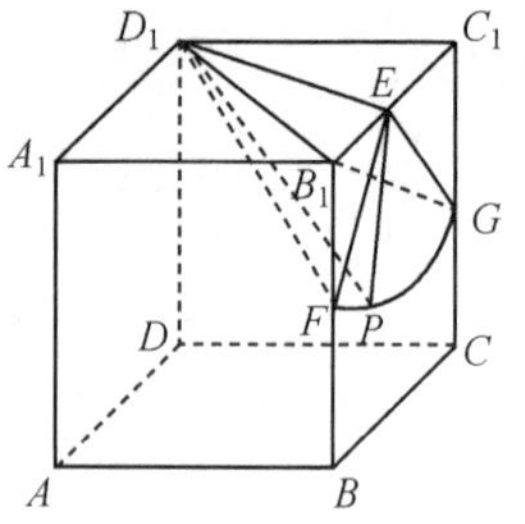

图 4-1

解析 取 B_1C_1 的中点为 E，因为$\angle BAD=60°$，直四棱柱 $ABCD\text{-}A_1B_1C_1D_1$ 的棱长均为 2，所以$\triangle B_1C_1D_1$ 为等边三角形，所以 $D_1E=\sqrt{3}$，$D_1E\perp B_1C_1$. 又因为四棱柱 $ABCD\text{-}A_1B_1C_1D_1$ 为直四棱柱，所以 $BB_1\perp$平面 $A_1B_1C_1D_1$，所以 $BB_1\perp D_1E$. 因为 $BB_1\cap B_1C_1=B_1$，所以 $D_1E\perp$侧面 BCC_1B_1.

不妨设 P 为球面与侧面 BCC_1B_1 的交线上的任意点，则 $D_1E\perp EP$，即$\triangle D_1EP$ 为直角三角形. 因为球的半径 $D_1P=\sqrt{5}$，而 $D_1E=\sqrt{3}$，所以 $EP=\sqrt{2}$.

因此问题就转化为求侧面 BCC_1B_1 内到点 E 的距离为$\sqrt{2}$的点的轨迹的长度. 实际上，就是以点 E 为圆心、$\sqrt{2}$为半径的一段圆弧的长度.

在棱 B_1B 上取点 F 使得 $B_1F=1$，在棱 C_1C 上取点 G 使得 $C_1G=1$，所以 $EF=EG=\sqrt{2}$，圆弧 FG 的长度即为所求.

因为$\angle B_1EF=\angle C_1EG=\dfrac{\pi}{4}$，所以$\angle FEG=\dfrac{\pi}{2}$.

根据弧长公式，可得弧 FG 的长度为$\dfrac{\sqrt{2}}{2}\pi$.

解题反思 解决本题的难点是想象不出球面与侧面 BCC_1B_1 的交线怎么画. 一旦知道交线的特征，就能很自然地在侧面 BCC_1B_1 内解决问题. 解题中取的点 E，实际上正好是截面圆的圆心，与 $D_1E\perp$侧面 BCC_1B_1 正好一致.

※ 定点问题方程化

解析几何的本质是用代数的方法解决几何问题，将平面几何图形置于平面直角坐标系中，用代数化的语言（坐标、方程等）来刻画几何特征，以达到解决几何问题的目的.

理论基础

如果直线方程 $y-y_0=k(x-x_0)$的变化只与 k 的取值有关，则该直线过定点(x_0,y_0).

例 2（全国卷Ⅰ理科第 20 题） 已知 A，B 分别为椭圆 E：$\dfrac{x^2}{a^2}+y^2=1(a>1)$

的左、右顶点，G 为椭圆 E 的上顶点，$\overrightarrow{AG}\cdot\overrightarrow{GB}=8$，$P$ 为直线 $x=6$ 上的动点，PA 与椭圆 E 的另一个交点为 C，PB 与椭圆 E 的另一个交点为 D.

(1) 求椭圆 E 的方程；

(2) 证明：直线 CD 过定点.

(1) $\dfrac{x^2}{9}+y^2=1$（解略）；以下只分析(2).

学生困惑　遇到解析几何问题会无从下手，甚至由于烦琐的运算导致半途而废.

教师解惑　虽然新高考降低了对解析几何解答题的要求，尤其是新课标规定对直线与圆锥曲线的位置关系不作要求，但笔者认为作为大题，命题者跳不出"直线与圆锥曲线的位置关系"这个圈子，在这个圈子里最容易考查形与数的转化问题. 对于直线过定点的问题，如果将直线方程转化为斜截式，就可得到定点.

思路分析　依据条件 PA 与椭圆 E 的另一个交点为 C，PB 与椭圆 E 的另一个交点为 D，分别写出直线 PA 和 PB 的方程. 由于两直线都过点 P，所以斜率之间存在一定的关系. 因此，只要设一条直线的斜率为 k，将两直线方程分别与椭圆方程联立，求出 C，D 两点的坐标，写出直线 CD 的方程，变化形式，看出定点.

解析　由(1)知 $A(-3,0)$，$B(3,0)$，设直线 AP 的斜率为 k，则 AP：$y=k(x+3)$，且直线 AP 与 $x=6$ 的交点为 $P(6,9k)$，所以直线 BP 的斜率为 $\dfrac{9k-0}{6-3}=3k$，所以 BP：$y=3k(x-3)$.

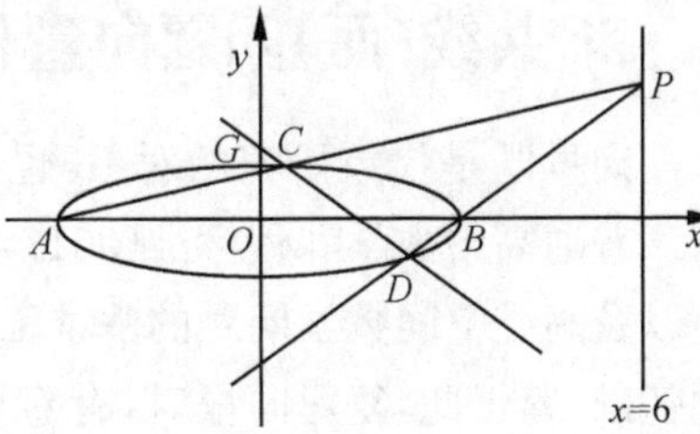

图 4-2

如图 4-2，设 $C(x_1,y_1)$，联立方程 $\begin{cases}y=k(x+3),\\ \dfrac{x^2}{9}+y^2=1,\end{cases}$ 消去 y，得 $(9k^2+1)x^2+54k^2x+81k^2-9=0$，其两根分别为 x_1 和 -3，所以 $-3x_1=\dfrac{81k^2-9}{9k^2+1}$，则 $x_1=\dfrac{-27k^2+3}{9k^2+1}$. 再代回直线方程得 $y_1=\dfrac{6k}{9k^2+1}$，所以 $C\left(\dfrac{-27k^2+3}{9k^2+1},\dfrac{6k}{9k^2+1}\right)$.

同理得 $D\left(\dfrac{243k^2-3}{81k^2+1},\dfrac{-18k}{81k^2+1}\right)$.

因为计算直线 CD 的斜率时，会出现分母 $27k^2-1$，有可能为 0，也就是斜率不存在的情况，所以分情况讨论.

当 $27k^2-1=0$ 时，即 $k=\pm\frac{\sqrt{3}}{9}$，得 $C\left(\frac{3}{2},\frac{\sqrt{3}}{2}\right)$，$D\left(\frac{3}{2},-\frac{\sqrt{3}}{2}\right)$ 或 $C\left(\frac{3}{2},-\frac{\sqrt{3}}{2}\right)$，$D\left(\frac{3}{2},\frac{\sqrt{3}}{2}\right)$，所以直线 CD：$x=\frac{3}{2}$.

当 $27k^2-1\neq0$ 时，即 $k\neq\pm\frac{\sqrt{3}}{9}$，得 $k_{CD}=\frac{-4k}{27k^2-1}$.

所以直线 CD：$y-\frac{6k}{9k^2+1}=\frac{-4k}{27k^2-1}\left(x-\frac{-27k^2+3}{9k^2+1}\right)$，此式是直线方程的点斜式，但并不能看出定点，因此仍需变形化简，得

$$\begin{aligned}y&=\frac{-4k}{27k^2-1}x+\frac{4k}{27k^2-1}\times\frac{-27k^2+3}{9k^2+1}+\frac{6k}{9k^2+1}\\&=\frac{-4k}{27k^2-1}x+\frac{6k(9k^2+1)}{(27k^2-1)\times(9k^2+1)}\\&=\frac{-4k}{27k^2-1}x+\frac{6k}{27k^2-1}.\end{aligned}$$

所以 $y=\frac{-4k}{27k^2-1}\left(x-\frac{3}{2}\right)$，故直线 CD 恒过定点 $\left(\frac{3}{2},0\right)$.

检验：$x=\frac{3}{2}$ 也满足过此定点.

※ 共线(面)问题向量化

向量既是代数研究的对象，也是几何研究的对象，是沟通几何与代数的桥梁.《普通高中数学课程标准(2017 年版)》指出：向量是描述直线、曲线、平面、曲面以及高维空间数学问题的基本工具，是进一步学习和研究其他数学领域问题的基础. 鉴于此，复习向量时，有意识地将其与解析几何和立体几何相联系，达到将复杂问题简单化的目的.

理论基础

共线向量定理　向量 $\boldsymbol{a}/\!/\boldsymbol{b}(\boldsymbol{a}\neq\boldsymbol{0})\Leftrightarrow$存在唯一实数 λ，使得 $\boldsymbol{b}=\lambda\boldsymbol{a}$.

推论 1　A,B,C 三点共线 $\Leftrightarrow\overrightarrow{AB}/\!/\overrightarrow{AC}\Leftrightarrow$存在唯一实数 λ，使得 $\overrightarrow{AB}=\lambda\overrightarrow{AC}$. 由此说明，当遇到共线问题时，可以转化为向量来解决.

共面向量定理　向量 $\boldsymbol{a},\boldsymbol{b}$ 是不共线的两个向量，则向量 $\boldsymbol{c}$ 与 $\boldsymbol{a},\boldsymbol{b}$ 共面$\Leftrightarrow$存在唯一实数对 x,y，使得 $\boldsymbol{c}=x\boldsymbol{a}+y\boldsymbol{b}$.

推论 2　A,B,C,D 四点共面(任意三点不共线)$\Leftrightarrow\overrightarrow{AD}$与$\overrightarrow{AB}$，$\overrightarrow{AC}$共面$\Leftrightarrow$存在唯一实数对 x,y，使得$\overrightarrow{AD}=x\overrightarrow{AB}+y\overrightarrow{AC}$.

由此说明，当遇到共面问题时，可以转化为向量来解决.

教师解惑　对于直线上点的问题，如果还有其他两点，就可以转化为三点共线的问题，进一步化归为向量共线，这样例 2 还有以下解法.

思路分析　将条件层层转化. PA 与椭圆 E 的另一个交点为 C，PB 与椭圆 E 的另一个交点为 D，分别转化为 P,A,C 共线和 P,B,D 共线，再利用推论 1，进一步转化为 $\overrightarrow{AP}\parallel\overrightarrow{AC}$ 和 $\overrightarrow{BP}\parallel\overrightarrow{BD}$，两组向量共线. 将结论转化. 直线 CD 过定点，类比条件的转化形式，即 C,D 与定点共线.

解析　由(1)知 $A(-3,0)$，$B(3,0)$，设 $P(6,t)$，$C(x_1,y_1)$，$D(x_2,y_2)$.

因为 P,A,C 共线，所以 $\overrightarrow{AP}\parallel\overrightarrow{AC}$.

又 $\overrightarrow{AP}=(9,t)$，$\overrightarrow{AC}=(x_1+3,y_1)$，利用向量的坐标运算，得 $9y_1=t(x_1+3)$.　①

又因为 P,B,D 共线，所以 $\overrightarrow{BP}\parallel\overrightarrow{BD}$.

又 $\overrightarrow{BP}=(3,t)$，$\overrightarrow{BD}=(x_2-3,y_2)$，利用向量的坐标运算，得 $3y_2=t(x_2-3)$.　②

由①②消去 t，得 $3y_1(x_2-3)=y_2(x_1+3)$.　③

又因为 $C(x_1,y_1)$，$D(x_2,y_2)$ 均在椭圆上，

所以 $\begin{cases}\dfrac{x_1^2}{9}+y_1^2=1,\\ \dfrac{x_2^2}{9}+y_2^2=1.\end{cases}$ 为了与③式建立联系，进一步化简得 $\begin{cases}y_1^2=\dfrac{9-x_1^2}{9},\\ y_2^2=\dfrac{9-x_2^2}{9}.\end{cases}$

两式交叉相乘，得 $y_1^2\times\dfrac{9-x_2^2}{9}=y_2^2\times\dfrac{9-x_1^2}{9}$.

因式分解重新组合，得 $y_1(3-x_2)y_1(3+x_2)=y_2(3+x_1)y_2(3-x_1)$.　④

将③式代入④式，得 $y_1(3-x_2)y_1(3+x_2)=3y_1(x_2-3)y_2(3-x_1)$.　⑤

因为 B,D 不重合，所以 $x_2\neq3$，但是 y_1 可以为 0.

当 $y_1=0$ 时，说明 C 与 B 重合，此时，D 与 A 重合，直线 CD 即为 x 轴.

当 $y_1\neq0$ 时，由⑤式，得 $y_1(3+x_2)=-3y_2(3-x_1)$.　⑥

③+⑥得 $y_1(4x_2-6)=y_2(4x_1-6)$.

两边同除以 4，得 $y_1\left(x_2-\dfrac{3}{2}\right)=y_2\left(x_1-\dfrac{3}{2}\right)$.

所以 $C(x_1,y_1)$，$D(x_2,y_2)$ 与 $\left(\dfrac{3}{2},0\right)$ 共线，即 CD 过定点 $\left(\dfrac{3}{2},0\right)$.

验证：当 CD 为 x 轴时也满足过定点 $\left(\dfrac{3}{2},0\right)$.

例 3(全国卷Ⅲ文科第 19 题)　如图 4-3，在长方体 $ABCD\text{-}A_1B_1C_1D_1$ 中，点 E,F 分别在棱 DD_1，BB_1 上，且 $2DE=ED_1$，$BF=2FB_1$. 证明：

(1) 当 $AB=BC$ 时，$EF\perp AC$；

(2) 点 C_1 在平面 AEF 内.

(1)略，以下只分析(2).

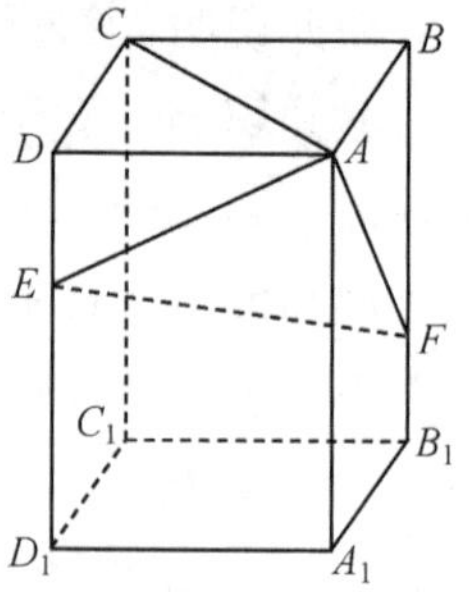

图 4-3

学生困惑 缺乏空间想象能力，用几何方法无从下手；对于文科生而言，没有学习空间向量，也是解题受阻的原因之一.

教师解惑 立体几何往往考查学生的空间想象能力，以及对公理、定理的熟练掌握和灵活运用能力. 对文科生而言，可将结论转化为共面问题，利用公理 2(这是旧教材的说法，新教材称为基本事实 1)或其推论加以证明即可；对理科生而言，可通过建立空间直角坐标系，转化为向量，利用上面的推论 2 来证. 进一步分析可知，当点 C_1 不是特殊点时，也就无法用平行关系来解决，这时就能体现出向量法的优越性.

思路分析 文科生只能用几何方法解，要证明点 C_1 在平面 AEF 内，可转化为证 A,E,F,C_1 四点共面. 通过图形直观感知 $EC_1\parallel AF$(或 $FC_1\parallel AE$)，利用"两平行线确定一个平面"达到证明目的. 理科生还可用向量法，通过建立空间直角坐标系，写出点 A,E,F,C_1 的坐标以及向量$\overrightarrow{AC_1}$，$\overrightarrow{AE}$，$\overrightarrow{AF}$的坐标表示，利用坐标运算将$\overrightarrow{AC_1}$用$\overrightarrow{AE}$，$\overrightarrow{AF}$线性表示，即可得出结论. 限于篇幅，证明过程略.

※ 共线问题斜率化

斜率是解析几何中刻画直线的一个重要元素，是表示直线倾斜程度的一个量. 斜率相等的两条直线倾斜程度相同. 如果经过一定点的直线斜率确定，那么直线也就确定了.

理论基础

A,B,C 三点共线$\Leftrightarrow k_{AB}=k_{AC}$(斜率存在的情况下).

若斜率不存在，三点也同样共线.

教师解惑 仍将直线上点的问题转化为三点共线的问题，进一步化归为证明斜率相等或不存在，这样例 2 还可有以下解法.

思路分析 将条件层层转化. PA 与椭圆 E 的另一个交点为 C，PB 与椭圆 E 的另一个交点为 D，分别转化为 P,A,C 共线和 P,B,D 共线，利用上述理论基础，进一步转化为 $k_{AP}=k_{AC}$ 和 $k_{BP}=k_{BD}$，两组斜率相等. 将结论转化. 直线 CD 过定点，类比条件的转化形式，即 C,D 与定点共线.

解析 由(1)知 $A(-3,0)$，$B(3,0)$，设 $P(6,t)$，$C(x_1,y_1)$，$D(x_2,y_2)$.

因为 P,A,C 共线，所以 $k_{AP}=k_{AC}$，即 $\frac{t}{9}=\frac{y_1}{x_1+3}$.　①

又因为 P,B,D 共线，所以 $k_{BP}=k_{BD}$，即 $\frac{t}{3}=\frac{y_2}{x_2-3}$.　②

由①②消去 t 得到的式子与 C,D 满足的关系式联立，类比第二种解法的化简过程，得 $\frac{4x_1-6}{y_1}=\frac{4x_2-6}{y_2}$，即得 $\frac{y_1}{x_1-\frac{3}{2}}=\frac{y_2}{x_2-\frac{3}{2}}$.

这是斜率形式.

设 $M\left(\frac{3}{2},0\right)$，所以 $k_{MC}=k_{MD}$，所以 C,D,M 共线，即 CD 过定点 $\left(\frac{3}{2},0\right)$.

需要说明的是，当 $x_1=x_2=\frac{3}{2}$ 时，直线 CD：$x=\frac{3}{2}$ 也满足过相应的定点.

解题反思　对于例 2 的不同转化形式，方程化是最通用的解决方法，其优点是解题过程自然流畅，不足之处是化简运算过程烦琐，往往无法进行下去. 向量化和斜率化都是将直线过定点问题转化为三点共线问题，是比较巧妙的两种解决方法. 它们的优点是运算过程简练，不足之处是转化的技巧性强. 向量化和斜率化的实质是一样的，只不过一个是整式形式的运算，一个是分式形式的运算. 对于过定点问题，可以在解题前将点特殊化，猜出定点可能的位置，为解题过程指明方向. 如例 2，可以取 $P(6,0)$ 和 $x=6$ 上其他的一点，画出两条满足题意的 CD，它们的交点在 x 轴上，这就是所求的定点；也可依据对称性，很容易知道定点必在 x 轴上.

例 2 实际上涉及的是椭圆的一个性质，有一般性的结论. 此题还有很多其他解法，在此不再赘述.

对于例 3 的两种转化形式，方法一是几何法，将四点共面问题转化成线线平行来解决，重在培养学生的直观感知能力；方法二是向量法，将四点共面转化为证向量共面，主要是空间直角坐标系中代数运算的过程，更具有通性(当点 C_1 一般化时).

※ 代数问题几何化

数学中，有些概念在出现时，就给出其几何意义，如复数 $z=a+bi(a,b\in\mathbf{R})$，可以在复平面内用点 $Z(a,b)$ 表示，还可用向量 $\overrightarrow{OZ}$ 表示；有些概念的定义中就蕴含着数与形的思想，如向量是既有大小又有方向的量，可用有向线段来表示，也可用坐标来表示；某些代数式的呈现，可以转化为几何中的量，如 $\sqrt{(x-1)^2+y^2}+\sqrt{(x+1)^2+y^2}=4$，两个根式可转化为两个距离，最终上式可理解为一个椭圆，代数问题就转化成一个几何问题. 更不用说，函数可用图象表示，这是高中数学中数与形相互转化的典范.

理论基础

结论 1 向量减法的几何意义是三角形法则，即$\overrightarrow{OA}-\overrightarrow{OB}=\overrightarrow{BA}$.

结论 2 若复数z_1,z_2所对应的点分别为Z_1,Z_2，则$|z_1-z_2|=|\overrightarrow{OZ_1}-\overrightarrow{OZ_2}|=|\overrightarrow{Z_2Z_1}|$，其实质就是两点间的距离$|Z_1Z_2|$.

例 4(全国卷Ⅱ理科第 15 题) 设复数z_1,z_2满足$|z_1|=|z_2|=2,z_1+z_2=\sqrt{3}+\mathrm{i}$，则$|z_1-z_2|=$__________.

学生困惑 大多数学生会设两个复数的代数形式，列出四个式子，解四个未知量，由于解起来比较烦琐，可能导致无功而返.

教师解惑 解决复数问题，通法是设代数形式，但当解题受阻而无法得到结果时，可转化为复平面内的点或向量来解决.

思路分析 设复数z_1,z_2所对应的点分别为Z_1,Z_2，则$z_1+z_2=\overrightarrow{OZ_1}+\overrightarrow{OZ_2}$，设为$\overrightarrow{OP}$. 根据复数的几何意义及复数的模，可知平行四边形$OZ_1PZ_2$为菱形，$|z_1-z_2|$转化为在菱形中求对角线$Z_1Z_2$的长度.

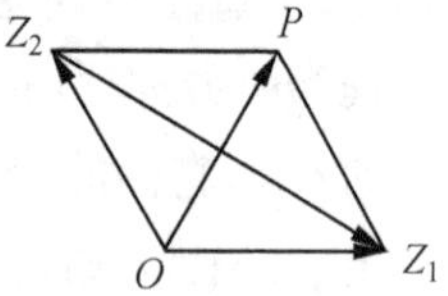

图 4-4

解析 如图 4-4，设复数z_1,z_2所对应的点分别为Z_1，Z_2，则$z_1+z_2=\overrightarrow{OZ_1}+\overrightarrow{OZ_2}=\overrightarrow{OP}$. 因为$|z_1+z_2|=|\sqrt{3}+\mathrm{i}|=2$，即$|\overrightarrow{OP}|=2$. 又因为$|\overrightarrow{OZ_1}|=|z_1|=2$，$|\overrightarrow{OZ_2}|=|z_2|=2$，所以$OZ_1PZ_2$为菱形，且$\triangle OPZ_1$，$\triangle OPZ_2$均为等边三角形，所以两个等边三角形的高都是$\sqrt{3}$，则$|Z_1Z_2|=2\sqrt{3}$. 又因为$|z_1-z_2|=|\overrightarrow{OZ_1}-\overrightarrow{OZ_2}|=|\overrightarrow{Z_2Z_1}|=|Z_1Z_2|$，故$|z_1-z_2|=2\sqrt{3}$即为所求.

例 5(上海卷第 12 题) 已知$\boldsymbol{a}_1,\boldsymbol{a}_2,\boldsymbol{b}_1,\boldsymbol{b}_2,\cdots,\boldsymbol{b}_k(k\in\mathbf{N}^*)$是平面内两两互不相等的向量，满足$|\boldsymbol{a}_1-\boldsymbol{a}_2|=1$，且$|\boldsymbol{a}_i-\boldsymbol{b}_j|\in\{1,2\}$(其中$i=1,2,j=1,2,\cdots,k$)，则$k$的最大值为__________.

学生困惑 题中向量过多，无从入手，或者是见到向量的模就用平方来解. 殊不知每个向量的大小和方向都不明确，最后还是不能解决问题.

教师解惑 打破思维定式，并不是条件中有向量的模就平方，平方的前提是尽可能知道这两个向量的模或夹角，从而可以进行运算. 虽然单个向量不明确，但由向量减法和模的几何意义，可得向量$\boldsymbol{a}_1,\boldsymbol{a}_2$在共起点的情况下，$|\boldsymbol{a}_1-\boldsymbol{a}_2|=1$等价于两向量的终点距离是一个定值 1，这样就将代数式子转化为几何图形. 在此基础上，再去画满足题意的向量$\boldsymbol{b}_j$.

思路分析　不妨设本题中所有向量共起点 O，作向量 $\boldsymbol{a}_1,\boldsymbol{a}_2$，它们终点之间的距离为 1. 对于 $|\boldsymbol{a}_i-\boldsymbol{b}_j|\in\{1,2\}$，可分为 $|\boldsymbol{a}_i-\boldsymbol{b}_j|=1$ 或 $|\boldsymbol{a}_i-\boldsymbol{b}_j|=2$，其中 $i=1$ 或 2，也就是向量 $\boldsymbol{b}_j$ 的终点到向量 $\boldsymbol{a}_1$ 或 $\boldsymbol{a}_2$ 的终点距离是 1 或 2.

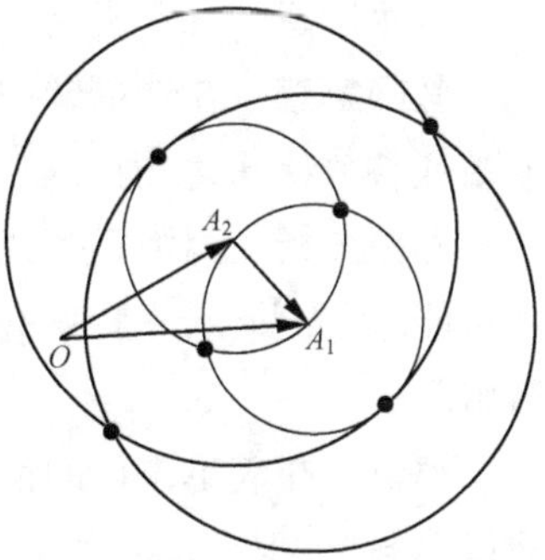

图 4-5

解析　作 $\overrightarrow{OA_1}=\boldsymbol{a}_1$，$\overrightarrow{OA_2}=\boldsymbol{a}_2$，则 $\boldsymbol{a}_1-\boldsymbol{a}_2=\overrightarrow{OA_1}-\overrightarrow{OA_2}=\overrightarrow{A_2A_1}$. 所以 $|\overrightarrow{A_2A_1}|=|\boldsymbol{a}_1-\boldsymbol{a}_2|=1$.

作向量 $\boldsymbol{b}_j$ 时，起点也放到 O 点. 分别以 A_1，A_2 为圆心，1，2 为半径，画四个圆，它们的交（切）点即 $\boldsymbol{b}_j$ 的终点，如图 4-5，共 6 个. 所以 k 的最大值为 6.

解题反思　例 4 用复数的代数形式也能解决问题，但运算过程复杂，学生不易得解. 如果转化为复数及复数运算的几何意义，就可以在特殊图形（如平行四边形、菱形、矩形、正方形、直角三角形、等腰三角形、等边三角形等）中非常直观地解决问题.

例 5 在所有向量中，抓住其中两个向量的运算关系，$|\boldsymbol{a}_1-\boldsymbol{a}_2|=1$ 是定值，这是本题的突破口，其几何意义是向量 $\boldsymbol{a}_1$，$\boldsymbol{a}_2$ 在共起点的情况下，它们的终点间的距离是 1. 由此想到，向量 $\boldsymbol{b}_j$ 也与它们共起点，结合图形易得解.

※ 不等问题特殊化

不等式作为刻画数量间大小关系的一个数学模型，在数学以及其他学科，甚至是现实生活中有着不可估量的作用. 对于含某些变量或参数的不等式，直接判断在给定的范围内是否成立有一定的困难. 若对变量或参数取特殊值进行考虑，可能会得到意想不到的结果. 式子分析：$\forall x,a$，都有 $f(x,a)>0$ 成立$\Rightarrow\exists x_0$，使得 $f(x_0,a)>0$ 成立（当然，也可以对 a 取特殊值或 x,a 都取特殊值）. 需要注意的是：这种转化不是等价变换，即由存在成立并不能推得任意成立，但是可以利用它的等价命题判断任意不成立. 上式的等价命题是：$\exists x_0$，使得 $f(x_0,a)>0$ 不成立$\Rightarrow\forall x,a$，都有 $f(x,a)>0$ 不成立. 由此，可以通过在不等式中取使不等式成立的某些特殊值来分析接下来的问题成立与否. 如果特殊的数值不成立，那么一般的数值也不成立. 特殊化的方法往往在选择题中能大显身手.

例 6（全国卷Ⅱ文科第 12 题）　若 $2^x-2^y<3^{-x}-3^{-y}$，则　（　　）

A. $\ln(y-x+1)>0$　　B. $\ln(y-x+1)<0$

C. $\ln|x-y|>0$　　D. $\ln|x-y|<0$

学生困惑 找不出两个变量 x,y 有什么关系，无从入手.

教师解惑 在选择题中，遇到不等式问题，在无从下手的情况下，可考虑将变量或参数特殊化，通过取一些特殊值，利用排除法得解.

思路分析 因为不等式 $2^x-2^y<3^{-x}-3^{-y}$ 中有两个变量 x,y，直接解几乎不可能. 可先将 x,y 特殊化，再逐个分析选项，排除不满足题意的选项，从而得解.

解析 在满足条件的情况下，取 $x=0,y=1$. 所以 $y-x+1=2$，即 $\ln 2>0$，所以 B 排除. 又 $y>x$ 且 $y-x=1$，所以 $\ln|x-y|=0$，因此又排除 C，D，所以选 A.

例 7（全国卷Ⅰ理科第 12 题） 若 $2^a+\log_2 a=4^b+2\log_4 b$，则 （　　）

A. $a>2b$　　B. $a<2b$

C. $a>b^2$　　D. $a<b^2$

学生困惑 一个方程，两个未知数，怎么解？

教师解惑 方程不可解，但可试着找未知数之间的关系. 两个未知数不可能都取特殊值，如果都取，很难保证方程成立，因此只令一个未知数取特殊值即可.

思路分析 将方程 $2^a+\log_2 a=4^b+2\log_4 b$ 化简，使得两边指数式与对数式的底数分别一致，得 $2^a+\log_2 a=4^b+2\log_4 b=2^{2b}+\log_2 b$，解不出 a,b，可令其中一个未知数取特殊值，求得另一个未知数的范围，再对照选项逐一排查.

解析 将方程化简，得 $2^a+\log_2 a=2^{2b}+\log_2 b$，因为等式右边 2^{2b} 比左边 2^a 稍复杂，所以取 $b=1$，方程变为 $2^a+\log_2 a=4$，解不出 a，但可以求得 a 的范围为 $1<a<2$. 因为 $2b=2$，所以 $a<2b$，排除 A. 又因为 $b^2=1$，所以 $a>b^2$，排除 D.

再取 $b=2$，方程变为 $2^a+\log_2 a=17$，求得 a 的范围为 $3<a<4$. 因为 $2b=4$，所以 $a<2b$，排除 A. 又因为 $b^2=4$，所以 $a<b^2$，排除 C. 所以选 B.

解题反思 以上两题除用特殊值考虑外，还可用构造函数或画基本初等函数的图象将问题转化为函数问题加以解决. 例如，例 6 中不等式 $2^x-2^y<3^{-x}-3^{-y}$ 变形为 $2^x-3^{-x}<2^y-3^{-y}$，设 $f(x)=2^x-3^{-x}$，所以有 $f(x)<f(y)$，由 $f(x)$ 单调递增得 $x<y$. 或者画出 $y=2^x$ 与 $y=3^{-x}$ 的图象，利用数形结合得到 $x<y$，再去分析选项即可. 例 7 可构造函数 $f(x)=2^x+\log_2 x$，利用函数的单调性以及作差比较大小即可. 或者画出 $y=2^x$ 与 $y=\log_2 x$ 的图象，利用数形结合解决.

上述两个例子在高考中都是选择题的压轴题，可见有一定的难度. 通过分析可知：解决这两个题目，取特殊值的方法要比构造函数或画函数图象的方法快得多. 考试时，时间比较紧张，能够快速准确地解决复杂题目，无疑会增强考生的自信心.

笔者仅从2020年高考数学试卷中选取了几道试题，利用转化的思想方法加以分析解决，针对不同的问题会有不同的转化思路，并非只有以上几种转化形式. 这几个例题只是起到一个“抛砖”的目的，希望在高三复习中指导学生引出更多的“玉”.

※ 复习建议

1. 知识融合，找联系

一轮复习时，大多数教师都是按照知识模块进行复习. 复习时，不能只是抓好一个模块内部的知识转化问题，如函数、解析几何、向量中数与形的相互转化，数列中特殊与一般的相互转化，立体几何中空间与平面的相互转化等，还要抓好不同模块知识之间的转化问题，如不等式、函数、方程之间的相互转化，数列与函数之间的相互转化，向量与复数之间的相互转化等.

2. 题目渗透，练方法

在平时的复习中，教师可以有意识地将近几年在转化思想方面比较有代表性的相关高考题渗透进去，进行适当的分析和引导，让学生尽可能地自主解决，总结并提炼方法. 这样不但能巩固数学知识和解题方法，而且能使学生在一定程度上克服对高考的恐惧.

3. 方法归纳，拓思路

转化的思想方法往往在其他思想方法中都有渗透，如数形结合思想方法就是数与形的转化问题；特殊与一般思想方法就是特殊与一般的转化问题. 转化的思想方法具有灵活性、多样性，在解题时没有统一的模式，因此在平时复习时，应及时进行方法的梳理和归纳. 解题时，应打破常规，拓宽思路，能够进行多种转化，一题多解，也能够化归统一，多题一解.

※ 巩固练习

1. 已知棱长均为2的正三棱柱 $ABC\text{-}A_1B_1C_1$，D，E 分别为棱 AA_1，AB 的中点，F 为棱 AC 上一动点，则 $\triangle DEF$ 周长的最小值为________.

2. 已知曲线 C：$y=\frac{x^2}{2}$，D 为直线 $y=-\frac{1}{2}$ 上的动点，过点 D 作曲线 C 的两条切线，切点分别为 A，B. 证明：直线 AB 过定点.

3. 已知函数 $f(x)=e^x-a(x+2)$.

(1) 当 $a=1$ 时，讨论 $f(x)$ 的单调性；

(2) 若 $f(x)$ 有两个零点，求 a 的取值范围.

4. 已知 $a,b\in\mathbf{R}$，且 $ab\neq 0$，若 $(x-a)(x-b)(x-2a-b)\geqslant 0$ 在 $x\geqslant 0$ 时恒成立，则 ( )

A. $a<0$　　B. $a>0$　　C. $b<0$　　D. $b>0$

二、思考让题目发挥最大价值

高考题是命题专家精心设计的. 以学生的认识层次和知识水平，很难挖掘出其深层次的含义，因此教师应帮助学生不断地深入思考. 比如，思考条件为什么是这样的，换成孪生性的概念（若没有孪生性的概念，则将条件变换一下，即变式）会有什么结论，将条件与结论互换后会有什么结论. 只有这样，才能最大限度地发挥一道高考题的应有价值. 下面以一道高考题为例，通过一系列思考得到“意想不到”的收获.

问题（2020・北京卷第20题）　已知椭圆 $C:\frac{x^2}{a^2}+\frac{y^2}{b^2}=1$ 过点 $A(-2,-1)$，且 $a=2b$.

(1) 求椭圆 C 的方程；

(2) 过点 $B(-4,0)$ 的直线 l 交椭圆 C 于点 M,N，直线 MA,NA 分别交直线 $x=-4$ 于点 P,Q，求 $\frac{|PB|}{|BQ|}$ 的值.

第一问的答案是 $\frac{x^2}{8}+\frac{y^2}{2}=1$，解析过程略. 通过分析第二问，启发学生思考.

思考1　条件“过点 $B(-4,0)$ 的直线 l 交椭圆 C 于点 M,N”中，M 在 B,N 之间还是 N 在 B,M 之间，并没有指明，所以直线 MA,NA 分别交直线 $x=-4$ 于点 P,Q，由对称性可知，当 M,N 互换时，P,Q 也互换，如果 $\frac{|PB|}{|BQ|}$ 是“一个”定值，则得到 $\frac{|PB|}{|BQ|}=\frac{|BQ|}{|PB|}=1$；如果 $\frac{|PB|}{|BQ|}$ 是定值，并非“一个”时，则会是“两个”，且互为倒数，这样此题难度将明显加大. 高考命题者考虑到考生在有限时间内解题，一般不会如此设计，于是可以大胆猜测定值为1. 这样就为解决问题指明了方向，不妨设 P,Q 两点的纵坐标分别是 y_P,y_Q，则 $|BP|=|y_P|$，$|BQ|=|y_Q|$，可直接解出 $\frac{|PB|}{|BQ|}=\frac{|y_P|}{|y_Q|}=1$，也可先求出 $y_P+y_Q=0$，然后得解.

思考2　条件“过点 $B(-4,0)$ 的直线 l 交椭圆 C 于点 M,N”中，怎么没有

注明不过点 A(点 A 在椭圆上)呢？如果过点 A，就会出现点 M(或点 N)与点 A 重合，也就不会有直线 MA(或 NA)，这样问题就不存在了. 假设点 M(或点 N)与点 A 不重合，那么总该有直线 MA(或 NA)与 x 轴垂直的情况，进而就会有其中某一条直线与直线 $x=-4$ 没有交点，问题同样不存在. 条件中没有注明这些，那么就只有一种可能的解释，即当连接 BA 时，直线 BA 与椭圆没有第二个交点，也就是说直线 BA 与椭圆相切. 实际上，点 A 关于 x 轴的对称点 A' 也在椭圆上，所以直线 BA' 也与椭圆相切. 如此看来，就不用担心直线 l 与椭圆的两个交点 M,N 中会有一个与点 A 重合(说明直线 MA 和 NA 一定存在)，或者是与点 A' 重合(说明直线 MA 和 NA 与 x 轴不可能垂直).

直线 BA 是否与椭圆相切？如图 4-6，先通过动态数学软件 GeoGebra 让学生直观感受.

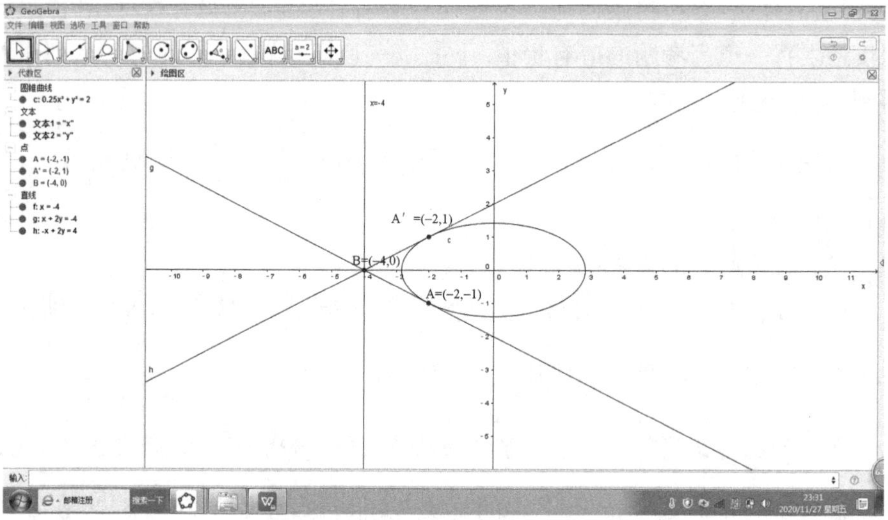

图 4-6

由图形可以看出，直线 BA 与椭圆正好相切，同时直线 $BA'(A'(-2,1))$ 也与椭圆相切. 接下来，给出推理证明.

分析：写出直线 BA 的方程，与椭圆方程联立，看判别式 Δ 是否等于 0.

证明：直线 BA：$\dfrac{y-0}{-1-0}=\dfrac{x+4}{-2+4}$，即 $y=-\dfrac{1}{2}(x+4)$.

由 $\begin{cases} y=-\dfrac{1}{2}(x+4), \\ \dfrac{x^2}{8}+\dfrac{y^2}{2}=1, \end{cases}$ 消去 y，得 $x^2+4x+4=0$.

所以 $\Delta=4^2-4\times1\times4=0$.

可见，直线 BA 确实与椭圆相切. 由椭圆的对称性可知，过点 B 的直线与椭圆相切时的另一个切点是 $A'(-2,1)$.

思考 3　由以上分析可知，当点 B 确定后，点 A 也随之确定. 能否将点 B 一般化呢？更进一步，能否将椭圆也一般化呢？如果可以的话，需要确定点 A. 若设点 $B(n,0)$，椭圆方程 $\frac{x^2}{a^2}+\frac{y^2}{b^2}=1(a>b>0)$，设过点 B 的直线与椭圆的切点为 $A(x_0,y_0)$，则切线方程为 $\frac{x_0x}{a^2}+\frac{y_0y}{b^2}=1$，代入点 $B(n,0)$，得 $x_0=\frac{a^2}{n}$，再代回椭圆方程，可得 $y_0=\pm\frac{b\sqrt{n^2-a^2}}{|n|}$. 为了方便解决问题，不妨设 $n>0$，$y_0>0$（实际上 $|n|>a$），这样点 A 就是 $\left(\frac{a^2}{n},\frac{b\sqrt{n^2-a^2}}{n}\right)$.

推广 1　如图 4-7，已知椭圆 C：$\frac{x^2}{a^2}+\frac{y^2}{b^2}=1(a>b>0)$，点 $A\left(\frac{a^2}{n},\frac{b\sqrt{n^2-a^2}}{n}\right)$，过点 $B(n,0)(n>a)$ 的直线 l 交椭圆 C 于点 M，N，直线 MA，NA 分别交直线 $x=n$ 于点 P，Q，求 $\frac{|PB|}{|BQ|}$ 的值.

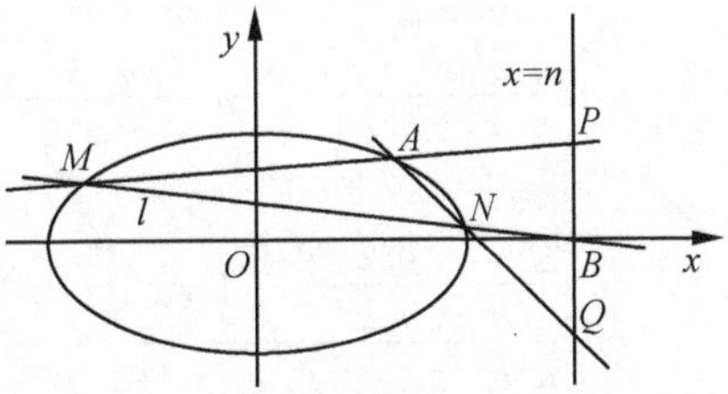

图 4-7

解析　设 $M(x_1,y_1)$，$N(x_2,y_2)$，直线 l 的方程可设为 $y=k(x-n)$，并与椭圆 C：$\frac{x^2}{a^2}+\frac{y^2}{b^2}=1$ 联立，消去 y，得 $(b^2+a^2k^2)x^2-2na^2k^2x+n^2a^2k^2-a^2b^2=0$.

由韦达定理，得 $x_1+x_2=\frac{2na^2k^2}{b^2+a^2k^2}$，$x_1x_2=\frac{n^2a^2k^2-a^2b^2}{b^2+a^2k^2}$.

方法一　设 $P(n,y_P)$，$Q(n,y_Q)$，直线 MA 的方程为

$$y-\frac{b\sqrt{n^2-a^2}}{n}=\frac{y_1-\frac{b\sqrt{n^2-a^2}}{n}}{x_1-\frac{a^2}{n}}\left(x-\frac{a^2}{n}\right).$$

令 $x=n$，得 $y_P=\frac{\left(y_1-\frac{b\sqrt{n^2-a^2}}{n}\right)\left(n-\frac{a^2}{n}\right)+\frac{b\sqrt{n^2-a^2}}{n}\left(x_1-\frac{a^2}{n}\right)}{x_1-\frac{a^2}{n}}$，又因为 $y_1=k(x_1-n)$，所以进一步整理，可得 $y_P=\frac{\left(kn-\frac{ka^2}{n}+\frac{b\sqrt{n^2-a^2}}{n}\right)(x_1-n)}{x_1-\frac{a^2}{n}}$.

同理可得 $y_Q=\dfrac{\left(kn-\dfrac{ka^2}{n}+\dfrac{b\sqrt{n^2-a^2}}{n}\right)(x_2-n)}{x_2-\dfrac{a^2}{n}}$.

由题意得 $|BP|=|y_P|$，$|BQ|=|y_Q|$，所以

$$\frac{|PB|}{|BQ|}=\frac{|y_P|}{|y_Q|}=\left|\frac{(x_1-n)\left(x_2-\dfrac{a^2}{n}\right)}{\left(x_1-\dfrac{a^2}{n}\right)(x_2-n)}\right|$$

$$=\left|\frac{x_1x_2-nx_2-\dfrac{a^2}{n}x_1+a^2}{x_1x_2-nx_1-\dfrac{a^2}{n}x_2+a^2}\right|=\left|\frac{x_1x_2-n(x_1+x_2)+\left(n-\dfrac{a^2}{n}\right)x_1+a^2}{x_1x_2-n(x_1+x_2)+\left(n-\dfrac{a^2}{n}\right)x_2+a^2}\right|$$

$$=\left|\frac{\dfrac{n^2a^2k^2-a^2b^2}{b^2+a^2k^2}-n\dfrac{2na^2k^2}{b^2+a^2k^2}+\dfrac{a^2(b^2+a^2k^2)}{b^2+a^2k^2}+\left(n-\dfrac{a^2}{n}\right)x_1}{\dfrac{n^2a^2k^2-a^2b^2}{b^2+a^2k^2}-n\dfrac{2na^2k^2}{b^2+a^2k^2}+\dfrac{a^2(b^2+a^2k^2)}{b^2+a^2k^2}+\left(n-\dfrac{a^2}{n}\right)x_2}\right|$$

$$=\left|\frac{\dfrac{a^4k^2-n^2a^2k^2}{b^2+a^2k^2}+\left(n-\dfrac{a^2}{n}\right)x_1}{\dfrac{a^4k^2-n^2a^2k^2}{b^2+a^2k^2}+\left(n-\dfrac{a^2}{n}\right)x_2}\right|=\left|\frac{\dfrac{\frac{1}{2}\left(\frac{a^2}{n}-n\right)2na^2k^2}{b^2+a^2k^2}+\left(n-\dfrac{a^2}{n}\right)x_1}{\dfrac{\frac{1}{2}\left(\frac{a^2}{n}-n\right)2na^2k^2}{b^2+a^2k^2}+\left(n-\dfrac{a^2}{n}\right)x_2}\right|$$

$$=\left|\frac{\frac{1}{2}\left(\frac{a^2}{n}-n\right)(x_1+x_2)+\left(n-\frac{a_2}{n}\right)x_1}{\frac{1}{2}\left(\frac{a^2}{n}-n\right)(x_1+x_2)+\left(n-\frac{a^2}{n}\right)x_2}\right|=\left|\frac{\frac{1}{2}\left(\frac{a^2}{n}-n\right)(x_1+x_2-2x_1)}{\frac{1}{2}\left(\frac{a^2}{n}-n\right)(x_1+x_2-2x_2)}\right|$$

$$=\left|\frac{x_2-x_1}{x_1-x_2}\right|=1.$$

上面的化简整理过程充分利用了韦达定理.

方法二　设 $P(n,y_P)$，$Q(n,y_Q)$，直线 MA，NA 的斜率分别为 k_1，k_2，则直线 MA 的方程为 $y-\dfrac{b\sqrt{n^2-a^2}}{n}=k_1\left(x-\dfrac{a^2}{n}\right)$.

令 $x=n$，得 $y_P=\left(n-\dfrac{a^2}{n}\right)k_1+\dfrac{b\sqrt{n^2-a^2}}{n}$.

同理可得 $y_Q=\left(n-\dfrac{a^2}{n}\right)k_2+\dfrac{b\sqrt{n^2-a^2}}{n}$.

因为 $k_1=k_{AM}=\dfrac{y_1-\dfrac{b\sqrt{n^2-a^2}}{n}}{x_1-\dfrac{a^2}{n}}$，$k_2=k_{AN}=\dfrac{y_2-\dfrac{b\sqrt{n^2-a^2}}{n}}{x_2-\dfrac{a^2}{n}}$，所以

$$k_1+k_2=\frac{y_1-\frac{b\sqrt{n^2-a^2}}{n}}{x_1-\frac{a^2}{n}}+\frac{y_2-\frac{b\sqrt{n^2-a^2}}{n}}{x_2-\frac{a^2}{n}}$$

$$=\frac{\left(y_1-\frac{b\sqrt{n^2-a^2}}{n}\right)\left(x_2-\frac{a^2}{n}\right)+\left(y_2-\frac{b\sqrt{n^2-a^2}}{n}\right)\left(x_1-\frac{a^2}{n}\right)}{\left(x_1-\frac{a^2}{n}\right)\left(x_2-\frac{a^2}{n}\right)}.$$

又因为 $y_1=k(x_1-n)$，$y_2=k(x_2-n)$，所以

$$k_1+k_2=\frac{\left(kx_1-kn-\frac{b\sqrt{n^2-a^2}}{n}\right)\left(x_2-\frac{a^2}{n}\right)+\left(kx_2-kn-\frac{b\sqrt{n^2-a^2}}{n}\right)\left(x_1-\frac{a^2}{n}\right)}{\left(x_1-\frac{a^2}{n}\right)\left(x_2-\frac{a^2}{n}\right)}.$$

上式展开后利用韦达定理，化简并整理得

$$k_1+k_2=\frac{2b\sqrt{n^2-a^2}\left(\frac{b^2+a^2k^2-n^2k^2}{n^2}\right)}{\frac{a^2-n^2}{n^2}(b^2+a^2k^2-n^2k^2)}=\frac{2b\sqrt{n^2-a^2}}{a^2-n^2}.$$

所以

$$y_P+y_Q=\left(n-\frac{a^2}{n}\right)(k_1+k_2)+\frac{2b\sqrt{n^2-a^2}}{n}$$

$$=\left(\frac{n^2-a^2}{n}\right)\left(\frac{2b\sqrt{n^2-a^2}}{a^2-n^2}\right)+\frac{2b\sqrt{n^2-a^2}}{n}=0.$$

因此 $y_P=-y_Q$.

又因为 $|BP|=|y_P|$，$|BQ|=|y_Q|$，所以 $\frac{|PB|}{|BQ|}=\frac{|y_P|}{|y_Q|}=1$.

反思　由以上分析可知，将点 B 和椭圆一般化后，结论仍然成立. 本题除以上解法外，还有多种解法，在此不一一赘述. 直线 l 除用点斜式表示外，还可写成 $x=my+n$ 的形式，同样也能得解. 方法二中还得到一个结论，就是 $k_{AM}+k_{AN}=\frac{2b\sqrt{n^2-a^2}}{a^2-n^2}$ 为一个常数，真是一个意外收获. 实际上，当 $n<-a$ 或 $y_0<0$（y_0 为点 A 的纵坐标）时，用上面的方法同样可以得到 $\frac{|PB|}{|BQ|}=1$，结论等价于证明 $|PB|=|BQ|$.

思考 4　双曲线中有类似的结论吗？

双曲线 $\frac{x^2}{a^2}-\frac{y^2}{b^2}=1(a>0,b>0)$ 中，在点 $B(n,0)$ 确定的情况下，需要得到过

点 B 的直线与双曲线相切时的切点 $A(x_0,y_0)$，类比椭圆中的分析，可得点 $A\left(\frac{a^2}{n},\frac{b\sqrt{a^2-n^2}}{n}\right)$（在此不妨设 $0<n<a$，$y_0>0$）.

推广 2 已知双曲线 $C:\frac{x^2}{a^2}-\frac{y^2}{b^2}=1(a>0,b>0)$，点 $A\left(\frac{a^2}{n},\frac{b\sqrt{a^2-n^2}}{n}\right)$，过点 $B(n,0)(0<n<a)$ 的直线 l 交双曲线 C 于点 M,N，直线 MA,NA 分别交直线 $x=n$ 于点 P,Q，证明：$|PB|=|BQ|$.

类比推广 1 的解法，可得上面的结论正确.

反思 当 $n=0$ 时，点 $B(0,0)$，过点 B 引双曲线的切线，不存在，故没有切点 A，也就不会有相应的结论；当 $-a<n<0$ 或 $y_0<0$（y_0 为点 A 的纵坐标）时，同样可得到 $|PB|=|BQ|$. 可见，双曲线与椭圆一样，都有此结论.

思考 5 抛物线中有类似的结论吗？

抛物线 $y^2=2px(p>0)$ 中，在点 $B(n,0)(n<0)$ 确定的情况下，类比椭圆和双曲线，同样可以得到过点 B 的直线与抛物线相切时的切点 $A(-n,\sqrt{-2pn})$（不妨设切点 A 的纵坐标大于 0）.

推广 3 已知抛物线 $C:y^2=2px(p>0)$，点 $A(-n,\sqrt{-2pn})$，过点 $B(n,0)(n<0)$ 的直线 l 交抛物线 C 于点 M,N，直线 MA,NA 分别交直线 $x=n$ 于点 P,Q，证明：$|PB|=|BQ|$.

证明 设 $M(x_1,y_1)$，$N(x_2,y_2)$，直线 l 的方程可设为 $y=k(x-n)$，并与抛物线 $C:y^2=2px$ 联立，消去 x，得 $k^2x^2-(2k^2n+2p)x+k^2n^2=0$，由韦达定理，得 $x_1+x_2=\frac{2k^2n+2p}{k^2}$，$x_1x_2=n^2$. 设 $P(n,y_P)$，$Q(n,y_Q)$，直线 MA 的方程为

$$y-\sqrt{-2pn}=\frac{y_1-\sqrt{-2pn}}{x_1+n}(x+n).$$

令 $x=n$，得 $y_P=\frac{y_1-\sqrt{-2pn}}{x_1+n}\times 2n+\sqrt{-2pn}$.

又因为 $y_1=k(x_1-n)$，所以进一步整理得 $y_P=\frac{(2kn+\sqrt{-2pn})(x_1-n)}{x_1+n}$.

同理可得 $y_Q=\frac{(2kn+\sqrt{-2pn})(x_2-n)}{x_2+n}$.

所以 $\frac{|PB|}{|BQ|}=\frac{|y_P|}{|y_Q|}=\left|\frac{(x_1-n)(x_2+n)}{(x_1+n)(x_2-n)}\right|=\left|\frac{x_1x_2+nx_1-nx_2-n^2}{x_1x_2+nx_2-nx_1-n^2}\right|$.

因为 $x_1x_2=n^2$，所以 $\frac{|PB|}{|BQ|}=\left|\frac{n(x_1-x_2)}{n(x_2-x_1)}\right|=1$，即 $|PB|=|BQ|$.

由此可见，抛物线中也有与椭圆相同的结论.

思考 6　圆中有这样的结论吗？

圆 $x^2+y^2=r^2(r>0)$ 中，在点 $B(n,0)(n<-r)$ 确定的情况下，类比上面的分析，同样得到过点 B 的直线与圆相切时的切点 $A\left(\frac{r^2}{n},-\frac{r\sqrt{n^2-r^2}}{n}\right)$（不妨设切点 A 的纵坐标大于 0）.

推广 4　已知圆 C：$x^2+y^2=r^2(r>0)$，点 $A\left(\frac{r^2}{n},-\frac{r\sqrt{n^2-r^2}}{n}\right)$，过点 $B(n,0)(n<-r)$ 的直线 l 交圆 C 于点 M,N，直线 MA,NA 分别交直线 $x=n$ 于点 P,Q，证明：$|PB|=|BQ|$.

类比前面的解法，不难得到 $|PB|=|BQ|$.

思考 7　上面的四个推广，条件中都有三个"共线"，分别是 B,M,N 三点共线，M,A,P 三点共线与 A,N,Q 三点共线，结论都是 $|PB|=|BQ|$. 若将条件和结论互换（其中的一个"共线"和结论互换），命题还会成立吗？通过分析和证明可得以下结论.

结论 1　已知椭圆 C：$\frac{x^2}{a^2}+\frac{y^2}{b^2}=1(a>b>0)$，点 $A\left(\frac{a^2}{n},\frac{b\sqrt{n^2-a^2}}{n}\right)$，过点 $B(n,0)(n>a)$ 的直线 l 交椭圆 C 于点 M,N，在直线 $x=n$ 上有异于点 B 的两点 P,Q，且 $|PB|=|BQ|$. 若 M,A,P 三点共线，则 A,N,Q 三点共线.

结论 2　已知椭圆 C：$\frac{x^2}{a^2}+\frac{y^2}{b^2}=1(a>b>0)$，点 $A\left(\frac{a^2}{n},\frac{b\sqrt{n^2-a^2}}{n}\right)$，过点 $B(n,0)(n>a)$ 的直线 l 交椭圆 C 于点 M,N，在直线 $x=n$ 上有异于点 B 的两点 P,Q，且 $|PB|=|BQ|$. 若 A,N,Q 三点共线，则 M,A,P 三点共线.

结论 3　已知椭圆 C：$\frac{x^2}{a^2}+\frac{y^2}{b^2}=1(a>b>0)$，点 $A\left(\frac{a^2}{n},\frac{b\sqrt{n^2-a^2}}{n}\right)$，在直线 $x=n$ 上有异于点 $B(n,0)(n>a)$ 的两点 P,Q，且 $|PB|=|BQ|$，直线 PA 与椭圆 C 的另一个交点为 M，直线 QA 与椭圆 C 的另一个交点为 N，则 B,M,N 三点共线.

反思　由前面的推广 1 和结论，可以看出，在椭圆中，B,M,N 三点共线，M,A,P 三点共线，A,N,Q 三点共线与 $|PB|=|BQ|$，其中任意三个作为条件都可推得第四个成立. 通过类比推理证明可以得到，在双曲线、抛物线和圆中都有类似的结论. 限于篇幅，这里不再赘述，留给感兴趣的读者做进一步的探究.

三、探究感受数学的美丽与魅力

笔者分析了 2019 年和 2020 年的数学高考题，发现圆锥曲线解答题中对直线过定点问题考查得比较多. 2019 年北京卷文科第 19 题和全国卷Ⅲ理科第 21 题，2020 年全国卷Ⅰ理科第 20 题和山东卷第 22 题(虽然是求一个定值，但关键还是证明直线过定点问题)，都是考查直线过定点问题. 笔者仅以 2020 年高考数学全国卷Ⅰ理科第 20 题为例，通过对其探究与反思，借助动态数学软件 GeoGebra，感受数学之美丽，得到一般性的结论. 当条件与结论互换时，得到更广泛的命题，展现出数学的魅力.

※ 问题呈现

原题 已知 A，B 分别为椭圆 E：$\frac{x^2}{a^2}+y^2=1(a>1)$的左、右顶点，$G$ 为 E 的上顶点，$\overrightarrow{AG}\cdot\overrightarrow{GB}=8$，$P$ 为直线 $x=6$ 上的动点，PA 与 E 的另一交点为 C，PB 与 E 的另一交点为 D.

(1) 求 E 的方程；

(2) 证明：直线 CD 过定点.

第一问比较简单，重点分析第二问.

本题已在前面给出多种证明，在此不再重述，笔者只给出 GeoGebra 软件下的直观图形(图 4-8). 学生看到如此美丽的图形，惊叹之余，探究欲望倍增.

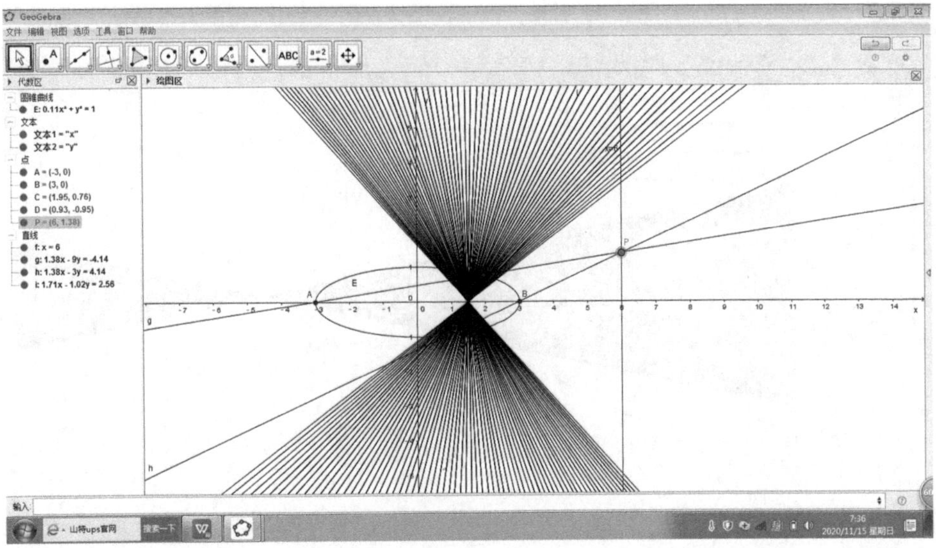

图 4-8

本题作为复习时的一个典型题目，如何起到应有的效果？笔者试着引导学生，先探究将定直线和椭圆方程一般化后的结论，接着探究双曲线、抛物线以及圆有没有类似的结论，最后探究条件与结论互换后的命题.

※ 问题探究

探究 1　将椭圆方程改为一般性的式子$\frac{x^2}{a^2}+\frac{y^2}{b^2}=1(a>b>0)$，直线是 $x=m(m\neq 0$，且 $m\neq\pm a)$，问直线 CD 是否过定点？

结论 1　已知 A，B 分别为椭圆 E：$\frac{x^2}{a^2}+\frac{y^2}{b^2}=1(a>b>0)$的左、右顶点，$P$ 为直线 $x=m(m\neq 0$，且 $m\neq\pm a)$上的动点，PA 与 E 的另一交点为 C，PB 与 E 的另一交点为 D. 证明：直线 CD 过定点.

打开 GeoGebra，画椭圆 E：$\frac{x^2}{a^2}+\frac{y^2}{b^2}=1(a>b>0)$，当直线 $x=m$ 在 A，B 之间，且不与 y 轴重合时，拖动动点 P，对直线 CD 进行跟踪，得到图 4-9，发现直线 CD 始终过一个定点，这个定点在 x 轴上，且在椭圆之外；当直线 $x=m$ 在 A，B 之外时，拖动动点 P，对直线 CD 进行跟踪，得到图 4-10，发现定点也在 x 轴上，且在椭圆内部. 通过图形让学生先直观感知直线 CD 过定点，接下来给出证明.

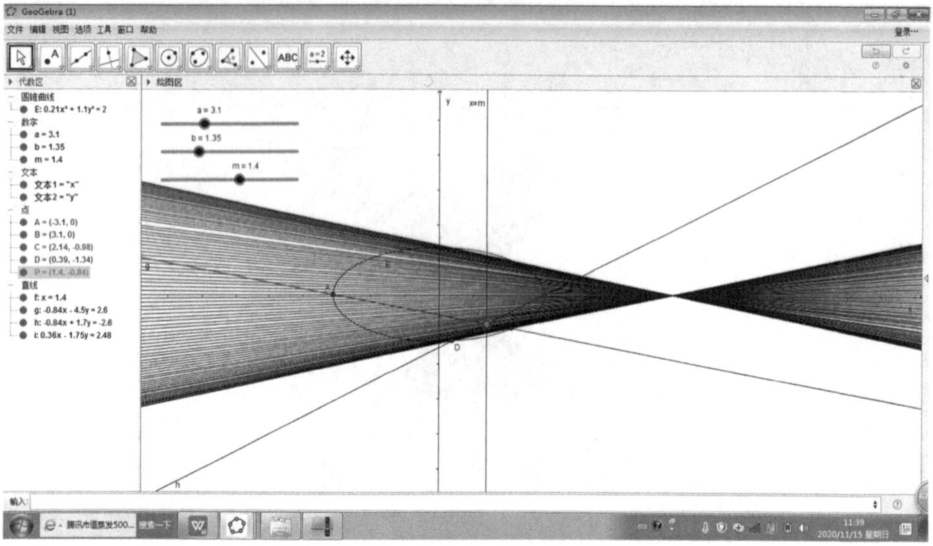

图 4-9

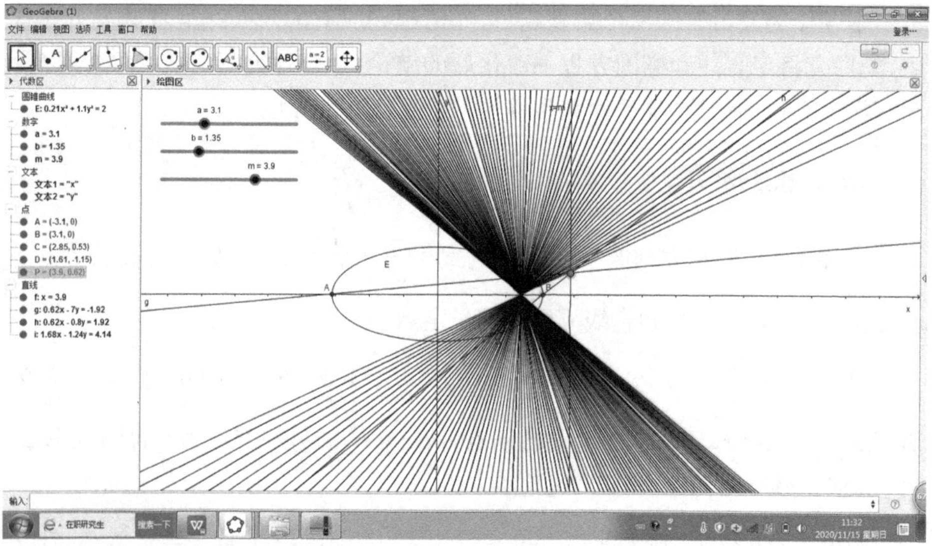

图 4-10

证明 由已知得 $A(-a,0)$，$B(a,0)$. 设 $P(m,t)$，$C(x_1,y_1)$，$D(x_2,y_2)$.

因为 P，A，C 共线，转化为向量共线，所以 $\overrightarrow{AP}/\!/\overrightarrow{AC}$，即 $(m+a,t)/\!/(x_1+a,y_1)$.

利用向量的坐标运算，得 $(m+a)y_1=t(x_1+a)$. ①

又因为 P，B，D 共线，同样得到 $\overrightarrow{BP}/\!/\overrightarrow{BD}$，即 $(m-a,t)/\!/(x_2-a,y_2)$.

利用向量的坐标运算，得 $(m-a)y_2=t(x_2-a)$. ②

由①②式消去 t，得 $(m+a)y_1(x_2-a)=(m-a)y_2(x_1+a)$. ③

又因为 $C(x_1,y_1)$，$D(x_2,y_2)$ 均在椭圆上，所以 $\begin{cases}\dfrac{x_1^2}{a^2}+\dfrac{y_1^2}{b^2}=1,\\ \dfrac{x_2^2}{a^2}+\dfrac{y_2^2}{b^2}=1.\end{cases}$

进一步化简得 $\begin{cases}\dfrac{y_1^2}{b^2}=\dfrac{a^2-x_1^2}{a^2},\\ \dfrac{y_2^2}{b^2}=\dfrac{a^2-x_2^2}{a^2},\end{cases}$ 两式交叉相乘，得 $\dfrac{y_1^2}{b^2}\times\dfrac{a^2-x_2^2}{a^2}=\dfrac{y_2^2}{b^2}\times\dfrac{a^2-x_1^2}{a^2}$.

去分母并因式分解后重新组合，得

$y_1(a-x_2)y_1(a+x_2)=y_2(a+x_1)y_2(a-x_1)$. ④

将③式整理为 $y_2(x_1+a)=\dfrac{m+a}{m-a}y_1(x_2-a)$，代入④式，得

$y_1(a-x_2)y_1(a+x_2)=\dfrac{m+a}{m-a}y_1(x_2-a)y_2(a-x_1)$. ⑤

因为 B，D 不重合，所以 $x_2\neq a$，但是 y_1 可以为 0.

当 $y_1=0$ 时，说明 C 与 B 重合，此时，D 与 A 重合，直线 CD 即为 x 轴；

当 $y_1\neq 0$ 时，由⑤式得 $(m-a)y_1(a+x_2)=-(m+a)y_2(a-x_1)$. ⑥

③＋⑥，得 $y_1(2mx_2-2a^2)=y_2(2mx_1-2a^2)$，两边同除以 $2m$，得 $y_1\left(x_2-\dfrac{a^2}{m}\right)=y_2\left(x_1-\dfrac{a^2}{m}\right)$，即 $\left(x_1-\dfrac{a^2}{m},y_1\right)\parallel\left(x_2-\dfrac{a^2}{m},y_2\right)$.

设 $M\left(\dfrac{a^2}{m},0\right)$，所以 $\overrightarrow{MC}\parallel\overrightarrow{MD}$，因此 C，D 与 M 共线，即直线 CD 过定点 $M\left(\dfrac{a^2}{m},0\right)$.

验证：当直线 CD 为 x 轴时也满足题意.

反思 结论 1 的证明方法除上面的向量法外，还有很多其他方法，在此不再赘述. 若将常数 m 的限制放宽会有怎样的结论呢？当 $m=0$ 时，直线为 $x=0$，这时得到的直线 CD 是一组平行线，平行于 x 轴或与 x 轴重合(图 4-11)；当 $m=-a$(或 a)时，直线 $x=-a$(或 $x=a$)与椭圆 E 相切，PA(或 PB)与椭圆 E 没有第二个交点，不满足题意. 因此限制条件不能变.

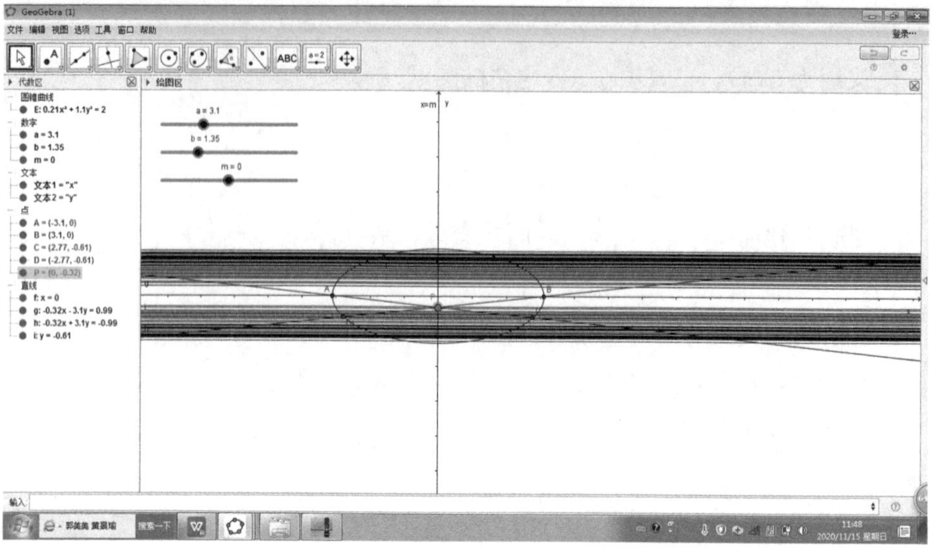

图 4-11

条件中 A,B 实际上是椭圆长轴的两个端点，直线是一条垂直于长轴所在坐标轴的定直线，无论动点 P 怎样移动，点 P 与椭圆长轴的两个端点的连线所在直线分别与椭圆有另一个交点，两交点所在的直线始终过定点，定点在长轴所在的坐标轴上. 当 $|m|<a$，且 $m\neq0$ 时，$\frac{a^2}{m}>a$ 或 $\frac{a^2}{m}<-a$，因此直线 CD 过的定点 $\left(\frac{a^2}{m},0\right)$ 在椭圆之外，与图 4-9 吻合；当 $|m|>a$ 时，$-a<\frac{a^2}{m}<a$，此时直线 CD 过的定点 $\left(\frac{a^2}{m},0\right)$ 在椭圆之内，与图 4-10 吻合.（以下结论不再解释与图形的吻合情况）

探究 2 当定直线是 $y=n(n\neq0$，且 $n\neq\pm b)$ 时，会不会有类似的结论呢？

结论 2 已知 A,B 分别为椭圆 E：$\frac{x^2}{a^2}+\frac{y^2}{b^2}=1(a>b>0)$ 的上、下顶点，P 为直线 $y=n(n\neq0$，且 $n\neq\pm b)$ 上的动点，PA 与 E 的另一交点为 C，PB 与 E 的另一交点为 D. 证明：直线 CD 过定点.

打开 GeoGebra，画椭圆 E：$\frac{x^2}{a^2}+\frac{y^2}{b^2}=1(a>b>0)$，当直线 $y=n$，$0<|n|<b$ 时，拖动动点 P，对直线 CD 进行跟踪，得到图 4-12，这时发现直线 CD 所过定点在 y 轴上，且在椭圆之外；当直线 $y=n$，$|n|>b$ 时，拖动动点 P，对直线 CD 进行跟踪，得到图 4-13，发现直线 CD 过的定点仍在 y 轴上，且在椭圆内部.

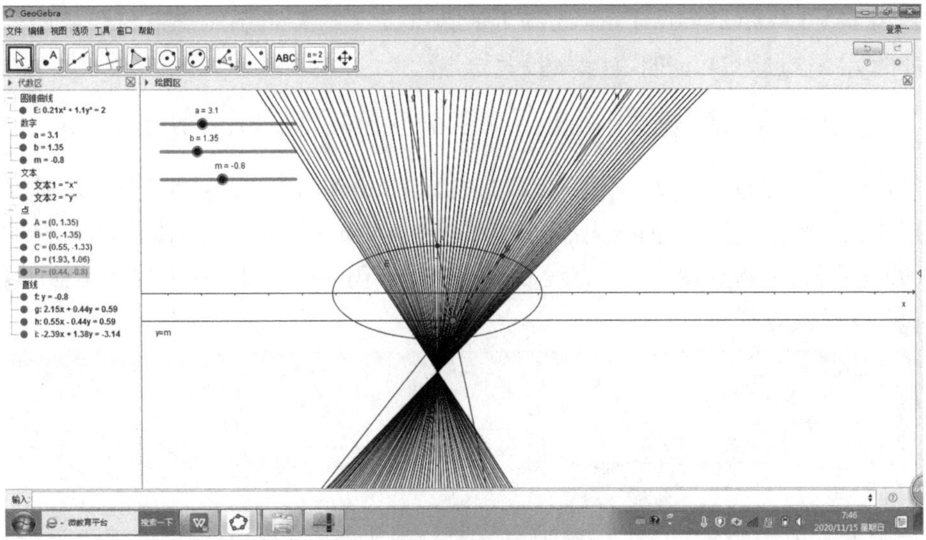

图 4-12

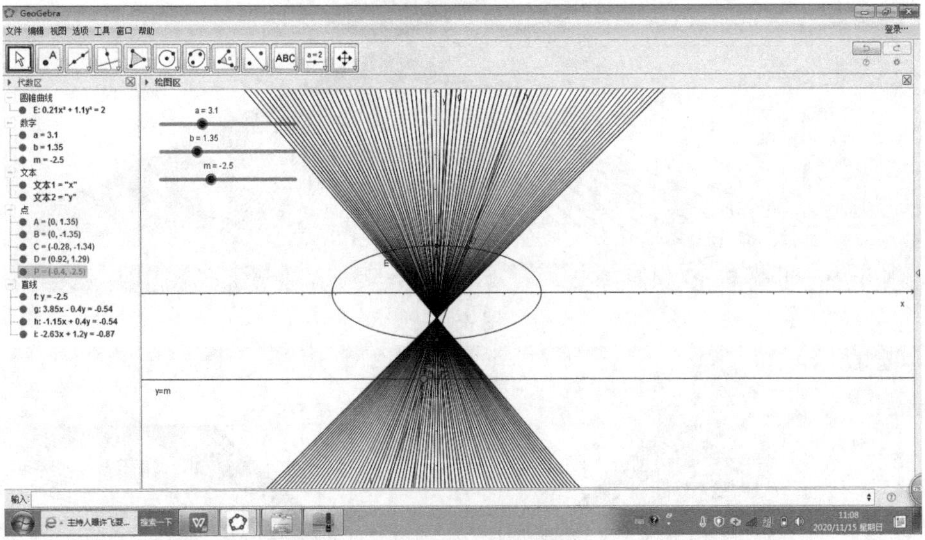

图 4-13

类比以上解法，可得直线 CD 过定点 $\left(0,\dfrac{b^2}{n}\right)$.

反思　当定直线垂直于短轴所在的坐标轴时，点 P 与椭圆短轴的两个端点的连线所在直线分别与椭圆有另一个交点，两交点所在的直线始终过定点，定点在短轴所在的坐标轴上.

探究 3　对于双曲线，有没有类似的结论呢？

结论 3　已知 A,B 分别为双曲线 $E:\dfrac{x^2}{a^2}-\dfrac{y^2}{b^2}=1(a>0,b>0)$ 的左、右顶点，

P 为直线 $x=m(m\neq 0$，且 $m\neq \pm a)$ 上的动点，PA 与 E 的另一交点为 C，PB 与 E 的另一交点为 D. 证明：直线 CD 过定点.

打开 GeoGebra，画双曲线 E：$\dfrac{x^2}{a^2}-\dfrac{y^2}{b^2}=1(a>0,b>0)$，当直线 $x=m$，$0<|m|<a$ 时，拖动动点 P，对直线 CD 进行跟踪，得到图 4-14，看到直线 CD 所过定点在 x 轴上，且在双曲线内部；当直线 $x=m$，$|m|>a$ 时，拖动动点 P，对直线 CD 进行跟踪，得到图 4-15，直线 CD 所过定点仍在 x 轴上，只不过是实轴（不包括实轴端点）.

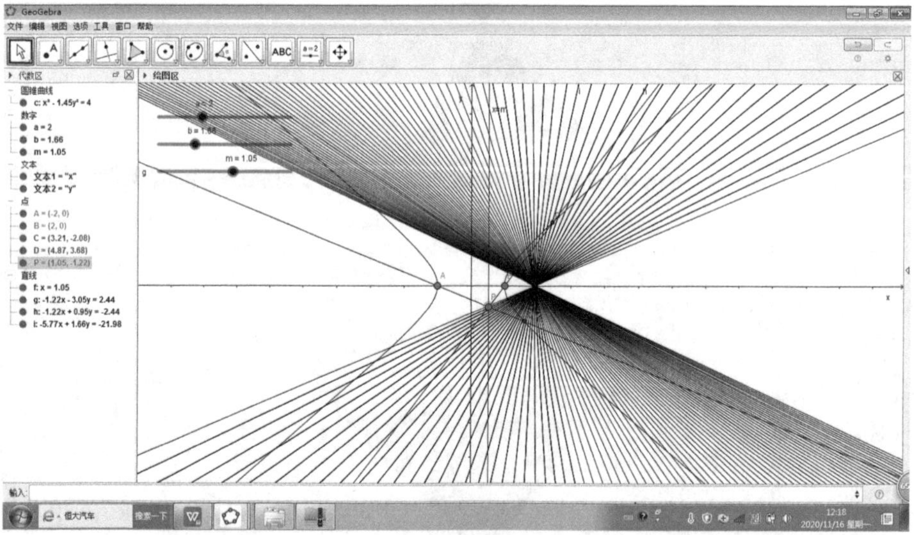

图 4-14

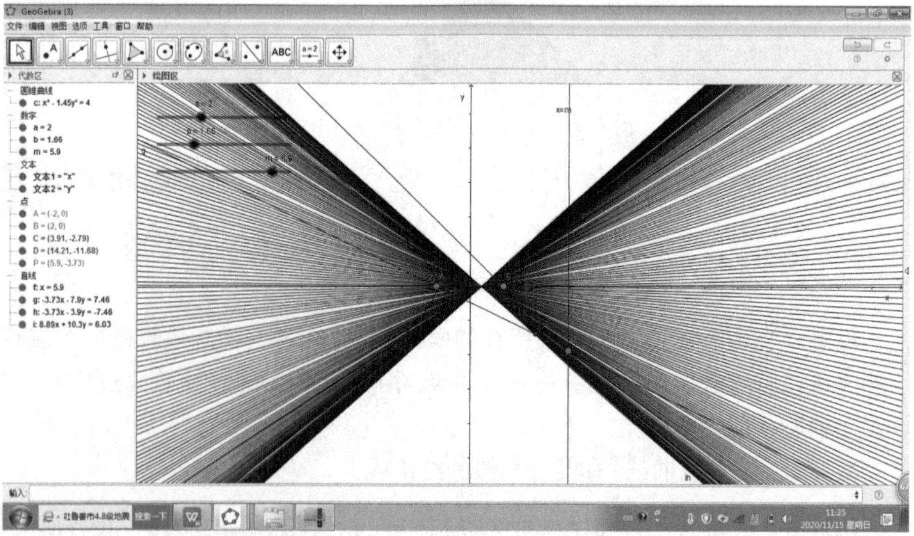

图 4-15

类比椭圆，可得直线 CD 过定点 $\left(\frac{a^2}{m},0\right)$.

反思　因为双曲线只有两个顶点，所以定直线上的动点只能与实轴的两个端点连线，且定直线垂直于实轴所在的坐标轴. 此时，直线 CD 所过的定点在实轴所在的坐标轴上.

探究 4　对于抛物线有类似结论吗？（因为抛物线只有一个顶点，所以没有上述结论）

探究 5　对于圆，有类似结论吗？

结论 4　已知圆 O：$x^2+y^2=r^2(r>0)$ 与 x 轴的交点分别为 A，B，P 为直线 $x=m(m\neq 0$，且 $m\neq \pm r)$ 上的动点，PA 与圆 O 的另一交点为 C，PB 与圆 O 的另一交点为 D. 证明：直线 CD 过定点.

利用 GeoGebra，得到图 4-16（$0<|m|<r$）（定点在圆外 x 轴上）和图 4-17（$|m|>r$）（定点在圆内 x 轴上）.

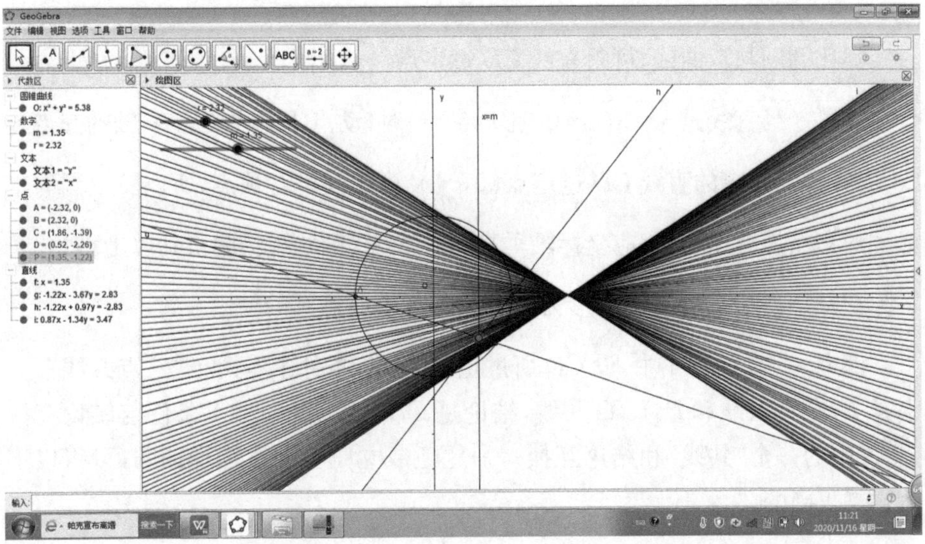

图 4-16

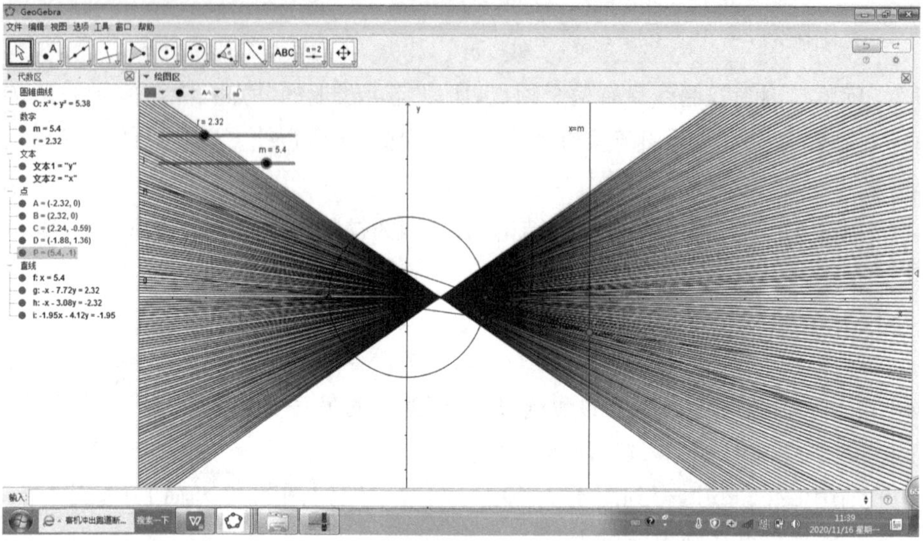

图 4-17

类比椭圆与双曲线，可得直线 CD 过定点 $\left(\frac{r^2}{m},0\right)$.

反思 当直线是 $y=n(n\neq0$，且 $n\neq\pm r)$ 时，动点 P 应与圆和 y 轴的交点连线，同样得到相应的直线 CD 过定点 $\left(0,\frac{r^2}{n}\right)$. 由于圆没有顶点，所以就以圆与坐标轴的交点为端点，与相应坐标轴垂直的直线为定直线，仍能得到以上结论. 若将圆 $O:x^2+y^2=r^2(r>0)$ 变形为 $\frac{x^2}{r^2}+\frac{y^2}{r^2}=1$，就与椭圆的结论一致了.

探究 6 在结论 1 中，设 CD 所过定点为 M，条件中有两个"三点共线"，分别是 P,A,C 共线和 P,B,D 共线，结论是 C,M,D 共线. 如果条件与结论互换（条件中的一个"共线"和结论互换），命题还成立吗？经过推理证明，可得以下命题是正确的.

命题 1 已知 A,B 分别为椭圆 $E:\frac{x^2}{a^2}+\frac{y^2}{b^2}=1(a>b>0)$ 的左、右顶点，$M\left(\frac{a^2}{m},0\right)(m\neq0$，且 $m\neq\pm a)$，过点 M 的直线交 E 于 C,D 两点（分别异于 A,B），P 为直线 $x=m$ 上的动点，则 P,B,D 共线的充要条件是 P,A,C 共线.

通过上面的探究，可类比推理得到更多的命题.

命题 2 已知 A,B 分别为椭圆 $E:\frac{x^2}{a^2}+\frac{y^2}{b^2}=1(a>b>0)$ 的上、下顶点，$M\left(0,\frac{b^2}{n}\right)(n\neq0$，且 $n\neq\pm b)$，过点 M 的直线交 E 于 C,D 两点（分别异于 A,B），

P 为直线 $y=n$ 上的动点，则 P,B,D 共线的充要条件是 P,A,C 共线.

命题 3　已知 A,B 分别为双曲线 $E:\frac{x^2}{a^2}-\frac{y^2}{b^2}=1(a>0,b>0)$ 的左、右顶点，$M\left(\frac{a^2}{m},0\right)(m\neq0$，且 $m\neq\pm a)$，过点 M 的直线交 E 于 C,D 两点（分别异于 A，B），P 为直线 $x=m$ 上的动点，则 P,B,D 共线的充要条件是 P,A,C 共线.

命题 4　已知圆 $O:x^2+y^2=r^2(r>0)$ 与 x 轴的交点分别为 $A,B,M\left(\frac{r^2}{m},0\right)$ $(m\neq0$，且 $m\neq\pm r)$，过点 M 的直线交圆 O 于 C,D 两点（分别异于 A,B），P 为直线 $x=m$ 上的动点，则 P,B,D 共线的充要条件是 P,A,C 共线.

※ 问题升华

实际上，原题涉及的是椭圆的一个性质. 笔者引导学生，借助于 GeoGebra 软件的跟踪功能，绘出了美轮美奂的图形. 通过类比，探究出对所有圆锥曲线（除抛物线外）都具有的性质. 继续深入探究，发现题中出现了“三个共线”，分析得到：任意两个“共线”可推得另一个“共线”. 这样一道高考题在不断的探究中，尽展数学之魅力.

对于高考真题，不能仅仅落实到会“做”，还要引导学生会“探”. 会“做”是最低要求，通过分析命题，结合所学知识和方法，运用自身的数学素养，得到正确的解题过程；会“探”就是能够进行命题的“再加工”“再创造”，如条件能否一般化，条件与结论能否互换，等等.《普通高中数学课程标准（2017 年版）》的“数学核心素养的学业质量水平二”中指出：能够理解归纳、类比是发现和提出数学命题的重要途径；能够将已知数学命题推广到更一般的情形. 这实质上就是命题的“再加工”“再创造”.“数学核心素养的学业质量水平二”正是高考的要求，也是高考数学命题的依据.

四、运算给解题带来无穷力量

说到运算，大家都不陌生，但真正要达到一定的运算能力，却非一日之功. 教学中，往往存在如下现象：教师分析解题策略，点拨解题思路，解题过程让学生自己去做，这时会出现两极分化. 有的学生会依据教师的指点，动脑琢磨，动手运算，真正内化成自己的知识；有的学生听得非常认真，感觉自己明白了，想当然地认为自己会了，不再整理解题过程，如果让他分析，可能说得头头是道，但只要一做，就会出现问题，运算过程也会有问题.

《普通高中数学课程标准(2017 年版)》中指出“数学运算是指在明晰运算对象的基础上，依据运算法则解决数学问题的素养. 主要包括：理解运算对象，掌握运算法则，探究运算思路，选择运算方法，设计运算程序，求得运算结果等”“数学运算是解决数学问题的基本手段”. 数学运算作为数学核心素养之一，不只是简单的计算问题，还包括运算的法则、思路、方法等.

下面以 2022 年山东卷第 18 题为例，展示解题教学过程，体会数学运算核心素养的培养过程，感受运算给解题带来的无穷力量.

问题

记$\triangle ABC$的内角A，B，C的对边分别为a，b，c，已知$\dfrac{\cos A}{1+\sin A}=\dfrac{\sin 2B}{1+\cos 2B}$.

(1) 若$C=\dfrac{2\pi}{3}$，求B；

(2) 求$\dfrac{a^2+b^2}{c^2}$的最小值.

解题教学过程

教师：解题的突破口在哪里？

学生：对已知关系式的化简和整理.

教师：由这个关系式你能想到哪些知识？

学生：三角恒等变换和解三角形.

教师：解三角形无非就是正弦定理和余弦定理的应用. 三角恒等变换关键

要注意什么？

学生：角之间的联系和角的一致性.

设计意图　遇到问题，不是一上来就做，而是让学生首先思考，可能用到哪些知识，怎么运用知识，等等. 对于三角恒等变换，抓好角之间的关系是解题的关键. 上述教学设计旨在帮助学生寻找解题的突破口，培养学生分析问题的能力.

教师：关系式中有单角 A 和复角 $2B$，如何处理？

学生：复角化单角，用倍角公式将 $\sin 2B$ 写成 $2\sin B\cos B$；至于 $\cos 2B$，有三种书写形式，要想把前面的 1 消去，用 $2\cos^2 B-1$，因此关系式化简为 $\frac{\cos A}{1+\sin A}=\frac{2\sin B\cos B}{2\cos^2 B}$，即 $\frac{\cos A}{1+\sin A}=\frac{\sin B}{\cos B}$.

教师：接下来怎么运算？

学生：交叉相乘，把分式化成整式，变成 $\cos A\cos B=\sin A\sin B+\sin B$.

教师：有需要注意的事项吗？

学生思考了一会儿.

学生：注意分母不能等于 0，因为变成整式后，要与原先的分式等价. 也就是 $\begin{cases}1+\sin A\neq 0,\\ \cos B\neq 0.\end{cases}$ 又因为三角形中任意内角的正弦值都大于 0，且 $\frac{\pi}{2}$ 的余弦值是 0，所以 $1+\sin A$ 不会等于 0，而 $B\neq\frac{\pi}{2}$.

设计意图　大多数情况下，数学解题教学是条件的等价转化. 复角化单角的过程体现了角的一致性，分式化整式的过程体现了解题时的等价变换，该过程隐含着分母不等于 0. 在解题教学中，准确地选择运算法则，合理地探寻运算思路，从而提升学生的逻辑推理和数学运算素养.

教师：接下来怎么运算？

学生：因为有 $\cos A\cos B$ 与 $\sin A\sin B$，所以我想到两角和或差的余弦公式，移项得 $\cos A\cos B-\sin A\sin B=\sin B$，即 $\cos(A+B)=\sin B$.

教师：A,B,C 都是三角形的内角，当化简得到上面的式子后，问题能解决吗？

学生：问题可以解决了. 因为第一问中有 $C=\frac{2\pi}{3}$，所以 $A+B=\frac{\pi}{3}$，因此 $\sin B=\cos\frac{\pi}{3}=\frac{1}{2}$. 又因为 $0<B<\frac{\pi}{3}$，所以 $B=\frac{\pi}{6}$.

设计意图　熟练掌握数学公式，学会逆用公式或对公式变形. 利用内角和定理，寻找角之间的联系，从而找到相应三角函数的关系，培养学生分析问题的能力.

教师：第二问是求最值问题，你能想到哪些方法求最值？

学生：利用函数单调性求最值，利用基本不等式求最值，利用图象法求最值.

教师：条件中没有出现“边”之间的关系，而问题中是关于“边”的式子，怎么办？

学生：将问题中的“边”化为“角”，由正弦定理$\frac{a}{\sin A}=\frac{b}{\sin B}=\frac{c}{\sin C}=2R$($R$为$\triangle ABC$外接圆的半径)，变形得到$a=2R\sin A$，$b=2R\sin B$，$c=2R\sin C$，代入$\frac{a^2+b^2}{c^2}$，即得$\frac{a^2+b^2}{c^2}=\frac{(2R\sin A)^2+(2R\sin B)^2}{(2R\sin C)^2}=\frac{\sin^2 A+\sin^2 B}{\sin^2 C}$.

设计意图 通过让学生思考求最值的方法，引导学生遇到问题先想方法，而不是盲目做题.边角互化是解三角形中经常用到的方法.转化的方向由问题中式子的特点与已知条件共同决定.

教师：化为“角”后的式子中有三个角，为了求最值，需要怎么办？

学生：减少角的个数，最好只有一个角.

教师：怎么减少呢？

学生：利用三角形内角和定理$A+B+C=\pi$，可以消去一个角.

教师：消去一个还有两个，感觉还不利于解决问题.让我们回头看看第一问中对关系式的整理，能直接用$C=\frac{2\pi}{3}$，$B=\frac{\pi}{6}$吗？为什么？

学生：不能.因为$C=\frac{2\pi}{3}$只是第一问的条件.另外，如果将$C=\frac{2\pi}{3}$，$B=\frac{\pi}{6}$代入第二问中的式子，就得到一个常数，哪里还有什么最值，所以不能用第一问中结果.

设计意图 三个角就是三个变量，减少变量个数是处理数学问题的基本套路，体现解决问题的一般规律.设计“能直接用$C=\frac{2\pi}{3}$，$B=\frac{\pi}{6}$吗”，提醒学生注意总条件和分条件，不要把分条件得到的结论扩大化，培养学生认真审题、严密思维的习惯.

教师：是不是第一问的化简整理过程对解决第二问没有任何意义呢？

学生讨论.

学生：不是.因为式子$\cos(A+B)=\sin B$是没使用第一问的条件化简得到的，所以第二问可以用.

教师：式子中有复角 $A+B$，注意不能用两角和的余弦公式再展开了，如果展开，就又整理回去了. 既然不能展开，怎么化为单角呢？

学生：利用三角形内角和定理与诱导公式. 因为 $A+B=\pi-C$，所以 $\cos(A+B)=\cos(\pi-C)=-\cos C$. 又因为 $\cos(A+B)=\sin B$，所以 $-\cos C=\sin B$.

设计意图　事实上，式子 $\cos(A+B)=\sin B$ 可以通过角的范围限制和诱导公式得到 $A+B$ 与 B 的直接关系. 但是按一般的解题思路，往往是将复角化为单角，所以将 $A+B$ 用 $\pi-C$ 来代替，培养学生分析问题和解决问题的能力.

教师：B，C 之间有没有更具体、更明确的关系？比如说相等、互补等.

学生讨论.

学生：需要让式子中的三角函数名称一致起来. 可以把 $-\cos C$ 化为正弦形式，也可以把 $\sin B$ 化为负的余弦形式. 我们小组是将 $-\cos C$ 利用诱导公式化成 $\sin\left(C-\frac{\pi}{2}\right)$，因此式子变为 $\sin\left(C-\frac{\pi}{2}\right)=\sin B$，所以得到 $C-\frac{\pi}{2}=B$.

教师：怎么得到 $-\cos C=\sin\left(C-\frac{\pi}{2}\right)$？

学生（还是这个学生）：因为函数名称发生变化，所以想到 $\frac{\pi}{2}\pm\alpha$ 的诱导公式，但是 $\sin\left(\frac{\pi}{2}\pm C\right)=\cos C$，而要表示 $-\cos C$，因此，想到两边同乘 -1，即 $-\cos C=-\sin\left(\frac{\pi}{2}\pm C\right)=\sin\left(-\frac{\pi}{2}\mp C\right)$. 又因为 $-\frac{\pi}{2}-C$ 是一个负角，所以保留的是 $C-\frac{\pi}{2}$.

教师：由 $\sin\left(C-\frac{\pi}{2}\right)=\sin B$ 就能得到角相等吗？

学生：不能. 两个角的正弦值相等，这两个角不一定相等. 需要判断角的范围后，才能得到角的关系.

教师：怎么判断角的范围？

学生：因为 $0<C<\pi$，所以 $-\frac{\pi}{2}<C-\frac{\pi}{2}<\frac{\pi}{2}$. 又 $0<B<\pi$，因此 $C-\frac{\pi}{2}=B$.

学生（另一个学生）：不对，按照你写的范围，还有可能 $C-\frac{\pi}{2}$ 与 B 互补. 事实上，因为 $0<B<\pi$，所以 $\sin B>0$，因此 $-\cos C>0$，即 $\cos C<0$，所以 $\frac{\pi}{2}<C<\pi$. C 的范围反过来又限制 B，只能是 $0<B<\frac{\pi}{2}$，而 $0<C-\frac{\pi}{2}<\frac{\pi}{2}$，所以 $C-\frac{\pi}{2}=B$.

设计意图 对式子 $-\cos C=\sin B$ 的分析是解决第二问的关键. 通过设问"B,C 之间有没有更具体、更明确的关系",引导学生探寻角之间的等量关系. 若要明确关系,就必须函数名称一致,这时需要诱导公式帮忙. 整个探寻过程体现了对公式的灵活运用和数学的严谨性,有利于提升学生的逻辑推理和数学运算素养.

教师:解释得非常好! 接下来怎么办?

学生:将 A 也用 C 表示,$A=\pi-C-B=\pi-C-\left(C-\dfrac{\pi}{2}\right)=\dfrac{3\pi}{2}-2C$. 式子就化为 $\dfrac{\sin^2\left(\dfrac{3\pi}{2}-2C\right)+\sin^2\left(C-\dfrac{\pi}{2}\right)}{\sin^2 C}=\dfrac{\cos^2 2C+\cos^2 C}{\sin^2 C}$.

教师:接下来怎么运算呢?

学生:一是角不一致,需要将复角 $2C$ 化为单角 C;二是函数名称不一致,分母已经比较简单,需要将分子上的余弦利用平方关系化为正弦,而 $\cos 2C$ 先用倍角公式写成 $1-2\sin^2 C$ 的形式,这样式子中就都是关于 C 的正弦. 所以 $\dfrac{\cos^2 2C+\cos^2 C}{\sin^2 C}=\dfrac{(1-2\sin^2 C)^2+1-\sin^2 C}{\sin^2 C}=\dfrac{4\sin^4 C-5\sin^2 C+2}{\sin^2 C}$.

设计意图 角的减少过程,除了运用角本身的等量关系外,还有诱导公式和三角恒等变换的灵活运用,如化简 $\sin^2\left(\dfrac{3\pi}{2}-2C\right)$ 的详细步骤可以是两角差的正弦展开后再平方,也可以利用诱导公式后再平方. 以利用诱导公式后再平方为例,$\sin^2\left(\dfrac{3\pi}{2}-2C\right)=\sin^2\left[\pi+\left(\dfrac{\pi}{2}-2C\right)\right]=\left[-\sin\left(\dfrac{\pi}{2}-2C\right)\right]^2=(-\cos 2C)^2=\cos^2 2C$. 无论是角的一致性,还是函数名称的一致性,都体现了化归与转化的思想,旨在培养学生分析解题思路、熟练运用各种公式的能力.

教师:分析得非常透彻! 接下来又该如何运算?

学生:因为分母简单,所以便于拆分运算,就得到 $\dfrac{4\sin^4 C-5\sin^2 C+2}{\sin^2 C}=4\sin^2 C-5+\dfrac{2}{\sin^2 C}$.

教师:从式子中能够发现 $4\sin^2 C$ 与 $\dfrac{2}{\sin^2 C}$ 的积是个定值,你能想到什么?

学生:基本不等式求最值中的"积定和最小". $4\sin^2 C-5+\dfrac{2}{\sin^2 C}\geqslant 2\sqrt{4\sin^2 C\times\dfrac{2}{\sin^2 C}}-5=4\sqrt{2}-5$,所以 $\dfrac{a^2+b^2}{c^2}$ 的最小值是 $4\sqrt{2}-5$.

教师：解完了吗？

学生：没有完. 用基本不等式求最值时，必须满足“一正、二定、三相等”. 一正：因为$\frac{\pi}{2}<C<\pi$，所以$0<\sin C<1$，$0<\sin^2 C<1$，即$4\sin^2 C>0$，$\frac{2}{\sin^2 C}>0$；二定：积是定值，上面已说明；三相等：等号成立时，能求出变量的值，即$4\sin^2 C=\frac{2}{\sin^2 C}$，解得$\sin^2 C=\frac{\sqrt{2}}{2}\in(0,1)$，即当且仅当$\sin^2 C=\frac{\sqrt{2}}{2}$时，上式中等号成立.

教师：考虑问题非常严谨！值得我们学习. 在做第二问的时候，将边化为角，而且是化为关于C的三角函数式. 事实上，可以化为关于B或A的三角函数式，同样可以解决问题. 鉴于时间问题，不再一一说明，同学们课后可以自己试一试.

设计意图　在教师的提示下，学生可以想到用基本不等式求最值. 学生早已总结并掌握了记忆口诀“积定和最小，和定积最大”，只不过在运用时，往往忘记使用的前提条件. 对取得最值的分析，体现数学思维的严谨性，能培养学生发现问题、分析问题、解决问题的能力.

本题是高考卷中的第二个解答题，位置比较靠前，考查的是解三角形问题. 无论是从所在的位置，还是从所考查的内容来看，本题都不属于难题，然而，据参加高考的不少学生反映，第一问难度适中，第二问难度大，不会运算.

笔者在与高一学生探讨此题的过程中，也深切体会到第二问的难度. 首先，式子中的边化为角不难，但怎么减少角的个数有难度，既用到三角形内角和定理，又用到总条件中关系式的化简结果. 其次，对结果$\cos(A+B)=\sin B$不知如何使用，学生很难想到：能够找到$A+B$与B有更加明确、具体的等量关系（不含有三角函数），或者是化简到$-\cos C=\sin B$后，能够找到C与B的更加明确、具体的等量关系. 再次，找角之间的明确、具体的等量关系，需要用到诱导公式，不仅要注意符号问题，还要注意角的范围问题. 最后，当角变得一致后，函数名称也要一致化，学生能够想到这种运算思路，但是能够联想到用基本不等式求最值有难度. 平时常见的是边的关系中的基本不等式. 因此，笔者在此处进行了提示“$4\sin^2 C$与$\frac{2}{\sin^2 C}$的积是个定值”，以启发学生想到基本不等式.